反緊縮社会主義論

脱成長論と帝国主義の超克

松尾 匡

はじめに——藁人形物語に替えて

筆者が左派の外から左派をクサす者のようにみなす人たちがいる。誤解である。筆者は左翼世界にどっぷり漬かり、リアルな活動現場に近いところで生きてきたつもりである。そのような現場の身近な活動家の中で不満が溜まっていたのである。民主党政権時代の経済運営に対する不満や、いつまでたっても安倍自民党に勝てる方針を打ち出せない指導部に対する不満等。そうしたフラストレーションの声に背中を押されての言論活動だったと言える。

そもそも20年近く前から、筆者を講演に呼んでくれるのはいつも圧倒的に左派・リベラル系団体だった。それだけ多くのその立場の企画者が筆者の問題意識に共感してくださったからにほかならない。

また、経済問題だけを取り上げて平和や人権問題や政治腐敗のことを取り上げないことを野党に説く者のような言われ方もしている。過去の著書で筆者が「お手本」的に紹介した選挙戦の事例は、宇都宮健児東京都知事候補や2018年の福山和人京都府知事候補（この人の2020年と2024年の京都市長選挙はリアルに応援した）や玉城デニー沖縄県知事候補の選挙戦である。これらの人たちが平和や人権問題や政治腐敗のことを取り上げていないとでも言うのか。

筆者が主宰した「薔薇マークキャンペーン」はそもそも、安倍自民党に対抗することを目的に発足したものであり、「個人の尊厳が前提であり、民族差別や性差別など個人の尊厳を否定する言動をしている政党、候補者は認定対象にはなりません」と明言していた。

あるいは、筆者が無限の経済成長を求めているような藁人形も見られる。筆者の主張はまっとうな雇用・就業機会を増やして、ちゃんとした条件で働きたいのに働けないでいる失業や半失業を無くすことである。そのために総需要を拡大することを主張しているので、完全雇用が実現できたらそこで総需要の拡大はおしまいである。そのあとは、労働力人口が増えない現状では、総需要は生産能力に合わせて抑えるべきだというのが筆者がずっと主張してきたことである。生産能力自体が成長することを政策的にあえて目指す必要はないというのが筆者の立場である。

さらには、筆者がアソシエーション的社会変革の志向を持たず、資本主義的な政策論を語るにとどまる者との印象操作もある。今日では、労働者が民主的に運営する協同組合的事業とそのネットワークを地べたから広げていく社会変革路線をアソシエーション的変革と呼ぶことが多い。この路線は実に筆者が冷戦時代から唱えていることで、40年近くにわたって論文や著書で繰り返し唱え続けてきた。

むしろ筆者の認識では、このような路線があるということを知らせるだけの段階はとっくに終わっている。筆者は、久留米市で10年以上福祉のまちづくりのＮＰＯ活動などにかかわり、地域のＮＰＯや協同組合の実践の研究・交流や公開講義に取り組んできた。その経験を踏まえて、その変質や失敗をどのように克服すればいいのかを考察してきた。その際、組織上の工夫や心がけのようなものも重要で何度も書いてきたが、それにもまして、不況のようなマクロな経済環境の制約が重大であることは痛感してきた。また、設備投資資金をどのように調達するかも重要である。

そもそも資本主義の経済システムを変革しようという時には、単に生産現場の決定権をその場の労働者が握ればすむ話ではない。設備投資が各企業や融資する銀行によって分散的に決定されていたならば、市場変動に振り回されて倒産や失業を出すことで事後的に調整される仕組みも、金融資本の産業支配もなくすことはできない。

これを解決するために提唱しているのが筆者の反緊縮論なのである。それは、協同組合企業が不況下の生き残りのためにブラック企業化するのを防ぎ、人手不足を通じて労働組合の交渉力を有利化するとともに、私企業と私銀行による利潤目的の分散的設備投資決定を抑制して、民意のもとに投資を社会化しようとする路線なのである。

菅義偉政権下、本場サッチャー政策を礼賛するイギリス人の進言で、中小個人事業の淘汰政策が本格化し、続いて岸田文雄政権の今、コロナ融資返済とインボイスでそれに拍車がかかろうとしている。これは、経済全体の生産性を上げようという供給側の成長戦略論である。それは筆者の総需要側の経済政策論とは正反対にあるまごうことなき新自由主義なのに、なぜか「脱成長」好きのリベラルにはこっちの方が評判がいいというねじれまくった状況がある。

しかもそれだけですまない。

なぜ中小企業の淘汰路線が進められるのか。なぜ彼らは需要サイドの大衆購買力涵養の課題を犠牲にしても、少数の卓越部門の供給力をつけることだけを目指すのか。これは政府が愚かだからではない。なにしろ日本でも最高の頭脳を備えた政府ブレーンたちが、多年にわたってうまずたゆまず提言し続けてきた道なのである。

実はこの路線は、この間進行してきた、東南アジアなどの海外への生産拠点の進出路線の不可分の裏面である。これは、日本が人口減少時代を迎えて、商品市場の点でも労働力の点でも、資本蓄積が国内的には行き詰まらざるを得ない中で、なおも資本蓄積を持続して高率の利潤を上げて、日本資本主義が力強く生き残るための必然的な方向なのである。

そしてこの道は自然の流れとして、海外の投資秩序を守るための軍事的な進出に行き着くのである。自衛隊の海外展開を可能にするための一貫した歩みは、これに合致している。

それは、単に少子高齢化進行する日本の国内事情に規定された路線であるばかりではない。おりしも現在、特にコロナ禍を決定的な契機として、新自由主義から裁量的国家介入体制への資本主義体制の世界的な段階転換が見られる。それは、世界中の各地域での相対的大国による周辺国への資本進出と、サプライチェーンの囲い込みの動きをともなっている。このことは、軍事力を背景とした勢力圏確保と、それをめぐる争いに行きつかざるを得ない。

すなわち、超大国アメリカの世界支配は残りつつも、その影響力は低下し、代わって、多かれ少なかれそこから自立した地域帝国主義が世界中で分立する時代へと向かっているのである。日本企業の海外進出と自衛隊派遣、軍事強国化の動きは、ちょうど世界のこの情勢の中にもぴったりとはまっているのだ。

筆者たちに「政治主義」などとレッテルを貼って権力問題から目を背け、箱庭コミュニズムに篭ろうとも、この帝国主義への動きを止めることは決してできない。これに対する個々の地べたの現場での闘争はもちろん不可欠である。しかしこの課題は、淘汰と海外進出と、財政・通貨の緊縮との全体像を包括的にとらえた政治的変革なしには達成できない。

「よりまし」な政権程度の国家ビジョンの射程しか用意しなければ、われわれは国内から工場を追い立てた結果の環境浄化に喜ぶことになろう。そして、東南アジアであげた利潤への課税で支えられ、その搾取工場の安価な商品を仕入れて使う公共サービスを、「コモン」と呼んで資本主義を超えたつもりになって終わってしまうだろう。

そこで筆者はここに、来るべき社会破壊と帝国主義化に対抗する武器として、一連の藁人形物語に替えて、一貫した哲学と経済把握に基づく体制変革論を一書をもって提起することにした。反緊縮経済政策論はこの体制変革論体系の一環として説かれる。批判者たちの向こうをはって言えば「反緊縮のポスト資本主義」、すなわち『反緊縮社会主義』である。

本書は、第6章と第7章を除き、既出の文章の再掲である。最低限必要な補正は行なったが、多くのケースでおおむね元の文章を残している。したがって、文体の不統一や時局的な古さを残す部分も見られる。章の間の内容の重複も、よほどはなはだしいものでないかぎり調整せずに残している。ご寛容いただきたい。初出情報などは、それぞれの章の末尾に説明を記載したので、気になる場合は、あらかじめご確認いただけたら幸甚である。

反緊縮社会主義論――脱成長論と帝国主義の超克　●目次

第3章　ミクロとマクロからの社会主義的変革の二契機
――リスク・決定・責任とマルクスの自由論…45

第2部　21世紀の『帝国主義論』

第6章　21世紀の『帝国主義論』…162

第7章　「国内産業淘汰／海外進出」路線の先の帝国…186

第7章補論①　**悪いとこ取りの総合**
――岸田文雄首相の第211回国会施政方針演説について…208

第7章補論②　**共産党の「経済再生プラン」はすばらしいが、大事なことが1つ足りない**…223

第7章補論③　円高時代の到来こそ警戒せよ…232

第8章　ウクライナ侵攻の帝国主義的背景としての穀物資本進出争い…241

第1部

反緊縮社会主義論序説

第1章　社会的連関が個々人のコントロールを離れる「疎外」

筆者の基本的な視角はこうである。人間の社会的依存関係を展開させるための決め事や仕組みが、**生きている生身の個々人のコントロールが効かない抽象物**となって個々人の具体的事情から遊離し、自己目的化して、生きている生身の個々人を逆に手段化して抑圧してくる。これが**「疎外」**である（図）。これは批判されるべきものである。それゆえ、個々人が普遍的につながりあうことで、人間の社会的依存関係を展開させるための決め事や仕組みを**個々人のコントロール下におき、個々人の具体的事情から乖離しないものにしなければならない**。筆者は、これが青年マルクスがフォイエルバッハから受け継いだ「疎外論」の視角であるとみなし、晩年に至るまでのマルクス、エンゲルスの思想に貫いていると解釈している。

資本制的生産様式において、この疎外は最も徹底したものになる。そこにおいて社会的依存関係を展開せしめている市場法則は、**一切の人為の効かない物象**の運動として現れ、支配階級の成員と

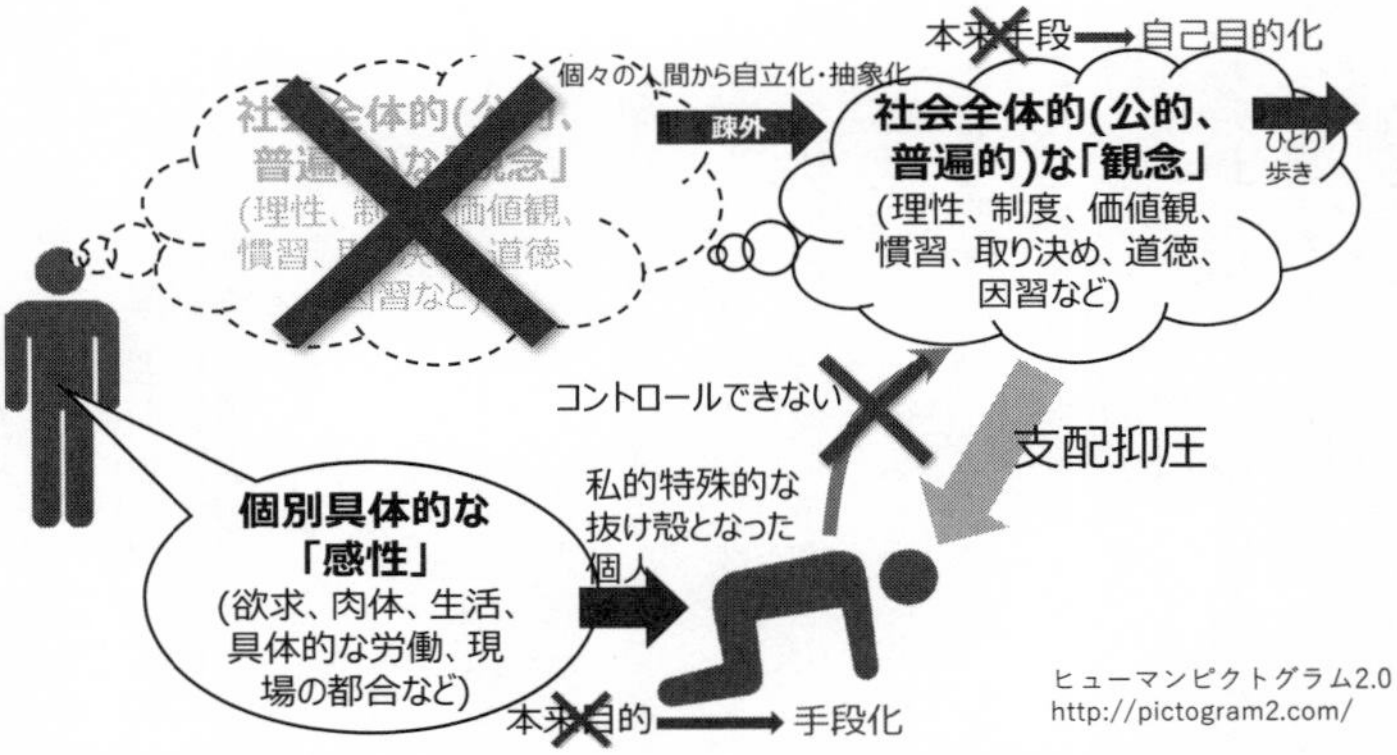

図　マルクスがフォイエルバッハから引き継いだ「疎外論」の図式

いえども、自己目的的な資本蓄積の下僕になってしまう。

しかし、この資本制的生産の発展は、社会的依存関係を個々人が意識的コントロール下におくための条件を作り出すことによって、それ自身を超克して疎外をなくす未来を導く。これがマルクスやエンゲルスの資本主義観であったと筆者は解釈している。

筆者は、2014年の拙著『ケインズの逆襲　ハイエクの慧眼』（PHP研究所）において、この基本的視角を「リスク・決定・責任は一致しなければならない」として再定式化した。生身の個々人の現場のニーズ充足にリスクをかける**決定は、そのリスクをかぶる当事者がすべき**であり、さもなくば**決定者自身がリスクを引き受けて他に及ぼさない責任がある**とするものである。

1　影響の社会的性格と決定の排他的形態の矛盾激化の時代

さてこのような見方に照らすと、今日の資本制経済は、ますます人間の手を離れて猛威を振るうようになっている。それは、力のあるブルジョワジーの意思決定の合成結果にほかならないが、そのブルジョワジーたち自身の意図をも裏切って暴れ回る。しかもこのこと自体が、政界や財界の権力者たちが意図的に推進してきたことなのである。

こうした強者の**意思決定**とその合成結果によって、個人事業者は続々没落して一国一城の主の**決定権を失い**、正社員の職場コミュニティは崩壊して労働者は職場のささやかな**コントロールをも失っている**。そして、ただ一方的にやらされ仕事をするだけの低賃金の非正規労働者になるか、社会的意義を感じられない「ブルシットジョブ」の担い手になるかしている。さもなくば経済停滞の中で失業を強いられることになる。「疎外」ここに極まれりである。

いずれにせよ、生活のための選択肢は大きく狭められ、明日どうなるかわからないリスクにさらされている人々が大量に生まれている。はなはだしくは、過重労働や貧困で心身を侵され、緊縮政策で感染症対策もお粗末なものになり、命を落とすことになった人たちも数知れない。しかし、数多くの人たちにこのような結果をもたらしながら、その**意思決定を行った人々が自腹を切って責任をとることはない**。

これというのも根本的には、社会的依存関係が非常に広範で深くなっていて、それにかかわる意思決定の影響が大規模で深刻になっているのに、**依然、その意思決定が一部の者の排他的決定にゆだねられている**、**この資本制的生産関係の本質**に起因している。したがってこの根本的原因が続く限り、「リスク・決定・責任」の乖離がますます進行し、ますます過剰なリスクをともなう決定がなされることに歯止めがなくなってしまう。

かつてエンゲルスは、資本制的生産様式の基本矛盾を、「生産の社会的性格と所有の私的形態の矛盾」と定式化した。そうした上で、生産の社会的性格の発展によるこの矛盾の激化から、生産手段の私的所有を廃棄する体制変革を根拠づけた。これは一世代前の社会主義運動の金科玉条だったのに、いつの間にか、マルクスを語る誰からも相手にされない言葉になってしまった。

しかしこれは、**「影響の社会的性格と決定の排他的形態の矛盾」**と言い換えて解釈するならば、十分に今日的通用力を持つ言葉である。今や、社会全体に広範に影響をもたらす決定は、社会全体でみんなでするべきだという時代がやってきた。すなわち資本主義的生産関係を揚棄し、これを、生きている**生身の個々人の共同決定によるコントロール**という意味で、生産手段を共有した生産関係にとって替えるべき時が来た。

2 私的信用創造の存在合理性がなくなった時代

生産の共同決定と言えば、ソ連崩壊後、労働者協同組合などの民主的事業を下から広める路線が唱えられることが多い。筆者も元来その提唱者である。

しかし不況になれば協同組合も労働運動もたちまち苦境に陥る。不況の中ではしばしば労働者協同組合も倒産しないように資本制企業以上のブラック企業と化すし、潰れてしまうケースも多い。人手不足になってこそ、解雇の脅しの効かなくなった資本制企業に比べ、なんのために働くかを自分たちで決めてモチベーションを維持できる労働者協同組合の優位性が生じる。また、失業者が多いと産業予備軍効果が働き、労働者の戦闘性はくじかれる。逆に、人手不足の状況になると労働組合側の交渉力が強まる。

市場を自然発生的な変動にまかせるかぎり、誰もその暴風雨から逃れる場はない。よって、マクロな社会的総労働の配分と雇用水準の公的意識的なコントロールにも乗り出さないわけにはいかない。

これまでの発達した資本制経済では、私企業の利潤目的の設備投資のために、私銀行が貸付で信用創造することで経済に貨幣が供給されてきた。これは、すぐれて公共的機能を果たす貨幣が、私的目的、私的判断で作られるという矛盾を意味するが、旺盛な設備投資によって生産手段の蓄積を進めることが必要だった特殊歴史的段階においては存在合理性があった。設備投資が失敗するリスクはその投資決定をした資本家に帰着させてこそ、リスク、決定、責任が一致して無謀な投資が抑制されるのだが、設備投資の規模が巨大になると、個人の出資では手に余るようになる。そこで銀行家の判断による信用創造で設備投資し、それが失敗したリスクは、貸付が返ってこないということによって銀行がシェアする仕組みにして、リスク、決定、責任の一致を確保していたのである。

しかし資本蓄積が行きついて人口が減少する成熟した経済では、大規模な新事業も出尽くし、追加的設備投資から得られる収益は限りなく低くなってしまっている。**設備投資は停滞するのが正常な時代**になったのである。すると私的銀行の信用創造の力は投機のために向かい、繰り返しバブルとその崩壊を引き起こすことになる。実業の失敗と異なり、バブル投機は案件を多数集めてもリスクは低減されず、失敗する時は一斉にダメになる。リスクのある決定をして失敗しても、大銀行は救済しないと経済への打撃が大きい。最初からそれが読めるので過剰にリスクの高い融資が行われる。それゆえ今日では、私的信用創造制度は、リスク、決定、責任を乖離させる仕組みになってしまった。

未知の設備投資にリスクがあるからこそ、その決定者に成果も損失も帰属させる資本制の存在合理性があったのである。設備投資がルーチン化して停滞し、リスクが低減したのならば、**広く人々がその決定に参与し、責任を共有する**方が合理的になる。すなわち、生産手段の共有である。

3 公共的貨幣供給と課税による総労働配分のコントロール

私企業の設備投資の停滞にしたがって私的信用創造が停滞するならば、経済全体に正常な雇用を維持する総需要をもたらす貨幣が供給されなくなる。放置すれば大量の失業者が出る。これを解決するためには、私的信用創造が減ってしまった分、民意を反映した公共目的のために、政府が直接貨幣を作るか、国債を中央銀行または市中銀行に買わせて信用創造させるかして、世の中に公的実需のともなう貨幣を供給しなければならない。

これは、**歴史的役割を終えた私的信用創造を公共的貨幣供給に替える**ということである。それは現実にも、不況対策に追い立てられた無意識の必然法則として目下進行している過程であるが、これを長期傾向として**意識的に**大衆のために遂行することが必要とされるのである。

こうして公的につくられた貨幣を使って、直接の社会サービス支出や公共投資に、あるいは設備投資補助金などに支出することによって、選挙で民意が望んだ部門の生産能力と労働配分を拡大する。例えば福祉部門や再生可能エネルギー部門などをイメージすればよい。他方で、法人税や物品税の課税、場合によっては設備投資に直接課税することなどで、民意が縮小させていいと判断する部門の設備投資を抑制し、その労働配分を減らす。

他方、分野の細かい生産調整になると、選挙で民意を反映することは困難だろう。しかし、目の前の需要の大小にあわせて生産調整する程度の次元のことなら、市場メカニズムにまかせることも、コンピュータに経済計画を計算させることと同様であり、さほど人の手から乖離するものではない。ここでは各自の貨幣の支出が、財やサービスへの個々人のニーズを示す投票のようなものである。ただし投票権は平等でなければ正しい民意の反映とは言えない。それゆえなるべくそれに近づけるように、累進性の高い所得税を導入し、政府が作った貨幣で全員に均等な給付金を支払う。それによって、消費財市場の市場調整を、意識的な民主的生産コントロールの理想に近づけることができる。

以上のようにして、社会的総労働配分を民意に基づいてコントロールすると同時に、雇用の総量を最大限に増やしつつインフレを民意の受忍できる範囲に抑えるために、法人税や富裕層課税については十分な税率を設定した上で、給付金や設備投資補助金を増減させて総需要をコントロールすればよい。それでも設備投資が全体に過剰で景気が加熱する時には、金融引き締め政策で私的信用創造を抑制すればよい。

設備投資補助金で誘導し、法人税を高めることは、出資と成果取得の部分的社会化を意味し、生産手段が公のものに漸次なっていくことに等しい*。公共性の高い産業、基幹的な産業は、あからさまに国有化してもいいだろう。その上で、利用者と直接接する部署は、利用者や従業者が運営する事業体にするのもよい。

4　当面残存する資本制的生産セクターへの対応

下からの協同組合的変革、マクロな総労働配分の民主的コントロールの双方向からの変革に乗り出すとしても、当面は資本制的生産のセクターは広範に残らざるを得ない。今日の大企業の経営を末端の労働者皆で担おうとしても、分厚い資料を消化する暇もなく、よくわからないまま形式的に信任票を入れるだけになる可能性が高い。みんなで決定したからということで責任が分散し、実質的な決定者が責任を免れるならば、やはりリスクの高い決定をし放題になる。それならば、決定は資本家側にゆだねるかわり、労働者にも利用者にも住民にもリスクをかけず、きっちり決定者に責任をとらせる方がましである。そのためには、労働運動や住民運動が十分な力を持たなければならないし、公的規制や公正な裁判制度も必要である。

資本制的生産が当面残る以上、その間は一般大衆への社会保障や給付金も含む公的支出によって総需要が供給能力を大幅に超過しないよう、大企業や富裕層への課税が必要になる。それは、**決定による、確定不可能な影響への賠償責任のための公的保険料**と解釈される。彼らは、抑制されても当面残存する私的信用創造や高額の資産・所得によって、高額の支出をすることで、社会の生産編成の在り方に直接に広範な影響を与える。また、未知の健康被害など、民事裁判によっては確定できない事業決定の影響があるかもしれない。それらのリスクを決定者にシェアさせ、決定の影響力の平等を目指すために、課税の力が利用できるのである。ここに同胞助け合いの原理による正当化は不要である。

注

＊設備投資補助金によるもののほか、信用創造なき又貸しであった旧財政投融資のような公的融資による投資誘導も考えられる。この場合、再国有化した郵貯資金に、日銀資金または政府通貨資金を適宜混ぜることで、公衆の郵貯への金利インセンティブを維持しつつ、景気の状況に応じて貸出金利を調整することができる。（市中銀行の公衆の預金からの振替で公衆の貯金が作られることと、郵貯銀行債を日銀に買わせることで、郵貯銀行の日銀当座預金が作られ、その一部が事業主体への貸付に入れ変わることで、市中銀行のもとで同額の日銀当座預金とその事業主体の預金が作られる。よって日銀資金の分だけが貨幣供給の増加につながる。）

この章は、２０２１年11月に『神奈川大学評論』第99号に掲載された拙稿、「社会的連関を個々人のコントロールのもとにとり戻す」の一部を修正したものである。

第2章　生産手段蓄積の社会的コントロールこそ要諦

蓄積せよ、蓄積せよ！　これがモーセで、預言者たちなのだ！…蓄積のための蓄積、生産のための生産、この定式のなかに古典派経済学はブルジョア時代の歴史的使命を言い表した。

（『資本論』第1巻第22章　s．621）

蓄積の大きさは独立変数であり賃金の大きさは従属変数であって、その逆ではないのである。

（資本論』第1巻第23章　s．648）

1　生産手段の私有（排他的決定）に起因する蓄積の一人歩き

資本制的生産の転倒性は、資本蓄積（設備投資）が自己目的化することに顕著に見て取れる。すなわち、人々の生活を豊かにすることではなく、生産手段が拡大することが自己目的化し、人が生活することはそのための手段と化す。蓄積されるべき生産手段を生産する手段として必要な労働力を再生産し、そしてそのための消費財を生産する手段として必要な労働力を再生産するということが、大衆の資本制的消費生活の意義となる。したがって生産手段蓄積の事情が独立変数としてまずあって、その都合に従属して労働力の雇用と再生産が決まることになる。

これは先述の引用のように、マルクスの『資本論』の批判的分析の主要なテーマであったが、ケインズのマクロ経済認識でもある。すなわち、独立変数として設備投資が先決し、乗数過程で総需要が波及することを通じてそれに従属して、GDPや雇用や消費が決まるというものである。

実際、図は、戦後日本の、GDP、民間消費、設備投資の実質値の対前年度比伸び率を折れ線グラフにしたものだが、設備投資が最も激しく変動し、それに引っ張られる形でGDPや消費が変動していることがわかる（図）。

資本制的生産のこうした性質のために、その自然発生的なマクロ的変動は不安定なものになる。置塩信雄が典型的に描くその模様は次のようなものである。

総需要が高く固定資本設備の稼働が過度になると、企業は固定資本不足を認識して設備投資を増加させる。すると、投資需要の増大から乗数過程を通じて総需要が増大し、固定資本設備の稼働はさらに過度なものになる。かくして企業はさらに資本不足を認識して設備投資を一層増加させ、この過程はますます進行し、景気は加熱していく。

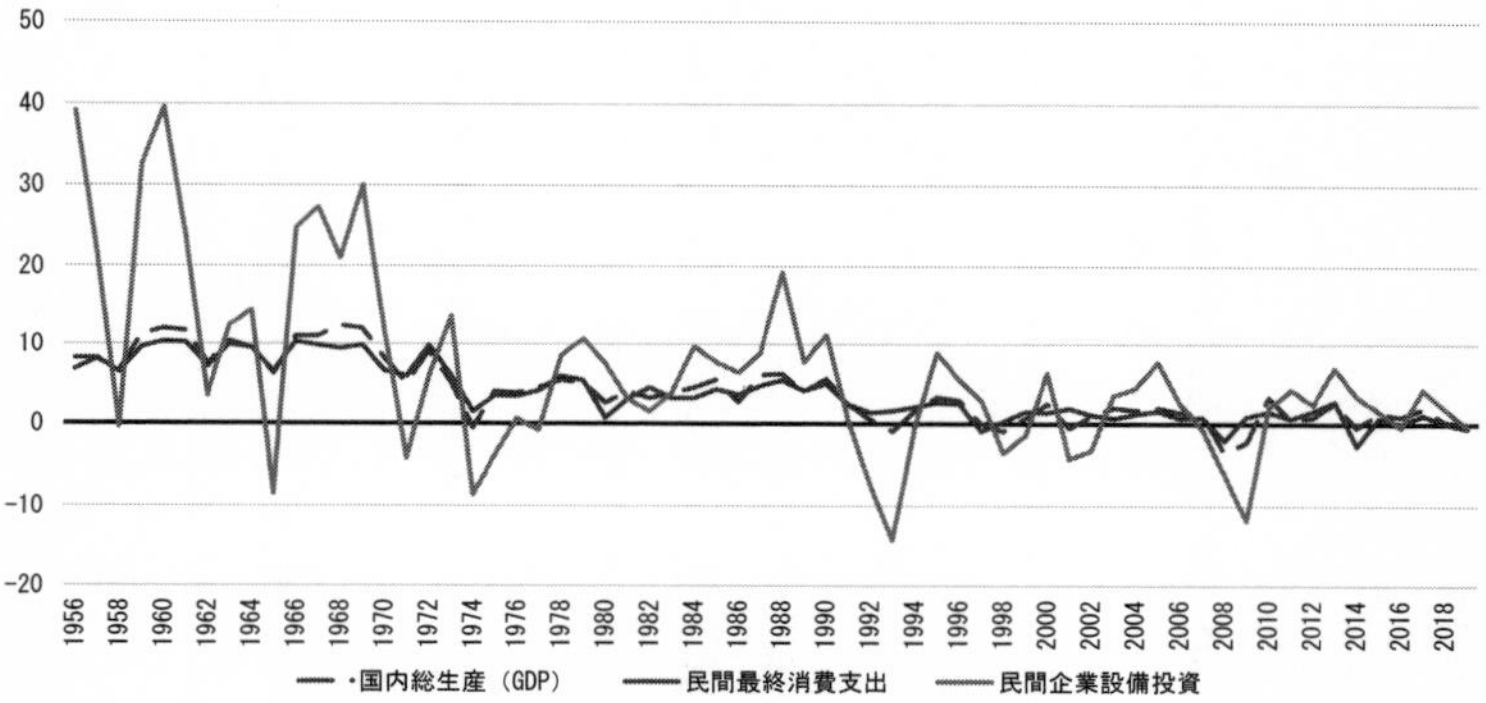

図　実質対前年度比成長率（%　横軸は年度）

総需要が弱く固定資本設備の稼働が遊休気味になると、企業は資本過剰を認識して設備投資を減少させる。すると、投資需要の減少から乗数過程を通じて総需要が減退し、固定資本設備の稼働はさらに遊休の度合いを強める。かくして企業はさらに資本過剰を認識して設備投資を一層減少させ、この過程はますます進行し、不況が深化していく。

不均衡は単に経済全体を集計したマクロな生産水準の変動についてだけ言えるのではない。好況局面においては、社会の必要を超えて設備投資財部門が不均衡的に拡大する。逆に、不況が進行する局面では、社会にとって必要以上に設備投資財部門が不均衡的に縮小する。

以上が置塩信雄の不均衡累積論の骨子である。置塩によれば、これは各企業の決定を掌握する個別資本家の合理的な蓄積決定が、社会的に合成されて起こることである。合理的な決定が合成されてなぜこのような不均衡の累積をもたらすのかと言うと、それが、各企業の資本家の孤立分散的な意思決定だからである。

置塩は、「生産手段の所有」概念を、「生産に関する基本的な**決定権**の所在」と定式化した。設備投資決定が個別資本家の**孤立分散的な排他的意思決定**でなされることは、生産決定が同様になされることと合わせ、置塩の所有概念によれば、生産手段が**私有**されていることを意味する。つまり、蓄積が主導する不均衡の累積は、生産手段の私有に基づく資本制的生産の体制的本質に起因する。

2　疎外を克服する共同決定社会

この「生産に関する基本的な意思決定」という所有概念からは、こうした決定を、直接的生産者を排除して担う人々が支配階級で、こうした決定から排除されてその決定に従属して労働を担う人々が被支配階級であるとの規定が導かれる。資本制的生産関係においては、前者が資本家、後者が労働者である。

そうすると資本制的生産関係を克服した、生産手段の共有に基づく生産関係とは、**生産に関する基本的な意思決定を直接的生産者が共同で行う生産関係**でなければならないことになる。これが置塩の社会主義観となる。

置塩は筆者の神戸大学大学院時代の指導教員であるが、筆者は金沢大学にいた学部時代、置塩の著作と出会う前から、同様の認識に到達していた。それは、初期マルクスの疎外論の図式でマルクスやエンゲルスの全体系を説明する研究に取り組む中から得られたものである。

ここで疎外とは、本来社会普遍的な依存関係を司るための観念が、指令やルールのような意識的なものであれ、価格変動のような無意識のものであれ、具体的肉体的な現場の生身の個々人の思い通りにならない疎遠な抽象物になり、これらが、個々人を外から支配し振り回すことで社会秩序が成り立つ図式を指す。こうなると、人々の外に遊離した抽象的「普遍」は、自己目的化してますます発展する一方、それを生み出した具体的個々人は、そのための手段とされて社会的内容をますます失って各々特殊な肉体的物質的存在に切り縮められていく。

商品の物象化、価値の目的化・使用価値の手段化、貨幣の君臨、資本賃労働関係、資本蓄積の自己目的化等々、『資本論』の多くのトピックスが、この図式からの批判的分析になっていることがわかる。

そうすると、資本制的生産を超克した未来社会は、この疎外を克服する社会として展望されることになる。すなわち、社会普遍的な依存関係を司るための観念が、**具体的肉体的な現場の生身の個々人のコントロールに服する社会**である。筆者の学生時代はまだソ連は健在だったが、このような認識に到達した筆者にとっては、一部の上級官僚が、労働者によるコントロールなく一方的に支配するソ連型体制は、マルクスの社会主義展望とは真逆の疎外社会にすぎなかった。

その後、大谷禎之助や田畑稔らの丁寧な文献研究により、マルクスの未来社会像がソ連のような集権的指令経済ではなく、直接的生産者の水平的連合によって生産手段をコントロールするシステムであることが明らかにされ、マルクスが圧倒的多くの箇所で使っている呼び名を使って、それを「アソシエーション」と呼ぶことが広まった。労働者がコントロールする協同組合工場が、水平的に連合して全体調整を行うというイメージである。

3　下からアソシエーション的変革路線とその困難

それでは現代において、疎外を克服し次の社会システムを築くためにはどうすればいいのだろうか。

近年、権力を取る前にまず草の根から、労働者協同組合などの共同決定的事業の取り組みを広げていくアソシエーション的変革の路線がよく提唱されるようになった。これを筆者は好ましく見ているのだが、こうした路線の唱導者から、筆者はしばしば、このような志向をもたないかのような、事実無根の批判を受けることがある。

事実は、筆者はすでにソ連が健在な１９８７年の学部卒業論文（ゼミ論文）で、こうした主張をしていたのである。労働者や利用者が生産の部面で共同決定によって事業のコントロールを取り戻すことが、まず着手できる生産手段の共有であり、階級の解消、疎外の克服である。そしてそれが下から自主的取り組みとして広がっていくかなたに、全社会的な疎外の克服を展望したのである。以降、80年代終盤、90年代を通じて、この路線からの論考を出し続け、それを２００１年の著書『近代の復権――マルクスの近代観から見た現代資本主義とアソシエーション』（晃洋書房）でまとめている。そしてその後もほぼ出す著書ごとにこの問題について論じ、地域での実践にもわずかばかりの貢献をしてきたつもりである。

筆者が今述べた卒論を出した金沢大学時代の指導教員の藤田暁男は、90年代頃「非営利・協働セクター論」と呼ばれたそのような共同決定事業路線を唱導する議論の、日本におけるパイオニアとなった。藤田はその後、石川県の地域生協の理事を務めたほか、地域の中間支援NPOの創立者の一人となり、その理事長を務めた。筆者は、大学院進学後もしばしば藤田と会談してこのテーマについて議論を深めるとともに、スウェーデンの協同組合研究者のビクトール・ペストフの、有名な「ペストフの三角形」が提起された論文が収録された『市場と政治の間で――スウェーデン協同組合論』を共訳したりしている。

だが、こうした議論が始まってすでに約30年、NPO法ができてすでに四半世紀を経て、こうした市民事業の数多くの失敗や変質の事例が積み重なっている。すでに議論は、そのような事例からの教訓を理論化していく段階になって久しい。筆者も、2005年の『市民参加のまちづくり【戦略編】――参加とリーダーシップ・自立とパートナーシップ』、2013年の『市民参加のまちづくり・グローカル編――コミュニティへの自由』（ともに創成社）でそのことを論じている。2012年の『新しい左翼入門』（講談社）の第3部でも論じている。論者たちには、こうした議論をふまえた上で、次のステップの議論をすることが望まれる。

また、労働者管理企業の経済学的な性質を理論的に分析する研究も前世紀から世界中で数多く重ねられていて、日本でも2001年の春名章二の『市場経済と労働者管理企業』（多賀出版）、2000年の松本直樹の『労働者管理企業の経済分析』（勁草書房）などでまとめられている。筆者も、2012年の社会主義理論学会編『資本主義の限界と社会主義』（時潮社）の論考「リスクと決定から社会主義を語る」で、労働者管理企業が資本制的企業に変質する諸ルートを考察している。

こうした筆者の研究は、草の根からのアソシエーション的変革路線を否定するためになされたわけではなく、失敗や変質のルートを明らかにすることで、それを防いで発展する道を探るために取り組んだものである。

4 政治権力による全体的コントロールの必要

しかし、当初筆者は、その解決を国家権力に求めることには慎重だった。置塩は、大学院時代の筆者に直接、マクロ調節なく孤立分散的意思決定によって生産する労働者自主管理企業は生産手段の私有にすぎないと語り、国家権力によるマクロ調整を組み込んだ社会主義像を公表していたが、当時筆者は国家権力を警戒するあまり、それに納得しなかった。

だが置塩が正しく、筆者は間違っていたのだ。その後四半世紀の長期不況の経験を経て、国家権力による体制変革と組み合わせることなしには、下からのアソシエーション的変革は決定的な困難に陥ることが思い知らされたのである。その結果、筆者は反緊縮政策を提唱することになったのだが、これについても、近年のアソシエーション路線の提唱者の一部からは、「政治主義」とか「政策至上主義」などの批判がよせられている。

これらの批判者にとっては釈迦に説法の話だが、そもそもマルクスは、終始アナキストを排撃し、過渡期としてではあれ、労働者が政治権力を握ることを必須としていた。協同組合工場の実践に未来社会の萌芽を見つつも、労働者が政治権力を握り全体的変革をすることなしにはそれは成功しないと釘を指していた。また、彼に社会的な生産配分全体を意識的にコントロールする志向が本質的にあったことは誰も否定しないだろう。

昔、春闘学習会テキストの定番であった彼の『賃金・価格・利潤』は、労働組合の賃上げ闘争で賃上げを勝ち取るだけでは必ず失敗し、賃金奴隷制の廃止まで進まなければならないというアジテーションで締められている。なぜ労働運動だけではだめなのか。そこでなされている分析は、賃金が上がり利潤が下がることは、裏に、資本家が購入する財の生産部門から労働者が購入する財の生産部門への社会全体での労働配分の移動があってはじめて成り立つということである。すなわち、**こうした社会的総労働配分を意識的に実現する体制なしには労働者の生活改善はなし得ないと**いうのが要点の一つだと解釈できる。

私見では、批判者たちは、「政治主義」とか「政策至上主義」という批判をすることで、政治権力を掌握することによる体制変革の道筋を提起することを意図的に避けているように思われる。

5　設備投資の公共的コントロールなしには資本制は超えられない

では、社会全体の連関が個々人の手を離れた疎遠なものとして暴れ回り、個々人を失業や貧困で苦しめることのキーとなっているものは何か。労働者や利用者の民主的な事業を変質させ、新たな階級支配に追い込むキーになっているものは何か。民衆がコントロールすべき要諦は何か。

それが生産手段の蓄積、現代風に言えば設備投資なのである。

冒頭に述べたとおり、経済変動は設備投資が資本家の私的判断で動揺することに起因する。単に眼前の生産量が眼前の需要に対して過不足するだけならば、価格シグナルを通じた事後的な調整も多くのケースで概ね不均衡を拡大することはなく働く。人々の所得に格差がなければ、それは貨幣を票とした民主的投票の一種で、計画経済のプラニング手続きの一つとさえ言えなくもない。だが、設備投資は各企業の支配者の頭中にある将来の商品需要に基づくものであり、それは現在の市場で調整されるものではない。

この性質は、各企業がその従業者によって管理されるようになっても解消されるわけではない。各企業の生産物・サービスの既存の利用者が意思決定に加わったとしても解消されない。このことに意識的に手をつけるのでなければ、いかに従業者や利用者が意思決定する事業体であったとしても、資本制的生産様式を超えることはできない。

なぜなら第1に、全事業体が各々、従業者や利用者の管理になっても、自然発生的には好況、不況の各局面での不均衡の累積は免れない。ましてや、さしあたりの現実のように、資本制的生産が圧倒的である中でのマイナーなセクターとして従業者や利用者が管理する事業が始まるならばなおさらである。

第2に、このことは「搾取」が解消されないことを意味する。というのは、マルクス経済学的意味での「搾取」とは、ある一つの企業で工場主が従業員を低賃金で酷使して利潤をあげるといったことを意味するにとどまらず、経済全体での「総資本の総労働からの搾取」が本質だからである。

社会全体で、労働者たち自身が自由にできる生産物・サービスを生産するために、直接・間接に年々投下される労働が「必要労働」である。それが社会の総労働全体ならば、経済全体としては搾取は存在しない。しかし、全経済の中で労働者たち自身が自由にできない剰余生産物が生産されていたならば、それを生産するために直接・間接に年々投下される労働「剰余労働」が存在する。剰余生産物の生産に従事する労働者も、自分が賃金から入手する生産物・サービスを生産するための労働の分は自分の労働が補償されたと言えるが、残りの労働時間は補償されない剰余労働である。労働者が入手する生産物・サービスの生産に従事する労働者も、同様に自分が入手する生産物・サービスを生産するための労働の分は自分の労働が補償されたと言えるが、残りの、剰余生産物の生産に従事する労働者が受け取る生産物・サービスを生産する労働の分は、補償されない剰余労働である。したがって、全労働者が、剰余生産物を生産するための剰余労働をシェアしあっていると言える。これが搾取である。経済のどこかで、**労働者がコントロールできない生産物・サービス**が発生しているならば、「搾取」が存在するのである。

労働者が管理する企業が社会の一部に存在するだけならば、資本制企業が独断で蓄積した設備投資財を生産するための労働が存在する。その労働に従事する労働者も、生活に必要な生産物・サービスを受け取るので、蓄積が拡大して設備投資財を生産する労働の社会的配分比率が拡大すれば、全労働者が労働1単位あたり受け取れる生活のための生産物・サービスの量は減る。すなわち、労働者が管理する企業で働いている労働者も、自分たちがあずかり知らぬ設備投資財を作るための剰余労働をシェアしているという意味で搾取されていて、それが拡大するのである。それは、インフレで所得が目減りするなどの過程を通じて現象する。

そしてこのことは、企業がすべて労働者管理企業になったとしても起こる。一部の企業が信用の力で設備投資を強行したならば、他の企業がたとえ企業所得を労働者に完全分配していたとしても、その所得はインフレで目減りして、彼らは自分たちがあずかり知らぬ設備投資財を作るための労働をシェアすることになる。つまり剰余労働を搾取されるということである。

では、すべての労働者管理企業が一斉に同じくらい設備投資すれば搾取はないのだろうか。たしかに、真に民主的経営が実現しているならば、設備投資された生産手段は労働者たちの自由にコントロールされるかもしれない。しかし、『資本論』でも、本稿冒頭の蓄積の自己目的化がなされる原因について、蓄積は競争によって個々の資本家に対して無理やり強制されるものだと論じている。企業ごとに意思決定が孤立分散的な商品生産であるかぎり、全企業が労働者管理企業であったとしても、この法則は免れない。定義にもよるが、そのような、市場から強いられた蓄積決定による設備投資のための労働は、「搾取」と呼ぶことも理にかなっているだろう。

そのほか、前掲の『資本主義の限界と社会主義』の拙稿では、労働者管理企業に事実上の階級分裂が起こり、資本制企業に変質するルートについて理論的に考察しているが、そのほとんどのルートで、設備投資が本質的要因となっている。詳しくは直接同稿にあたっていただきたい

6　私的信用創造を抑制・制御し公共的目的のために貨幣を作る

したがって、資本制的生産を超克するための鍵は、**設備投資の全社会的コントロール**にあること

がわかる。そのために、地域の協同組合やＮＰＯ、中小自営業者の間の設備投資資金の融通のために、協同組合的金融を発展させることも重要である。やがては、ブロックチェーン技術などに支えられて、時間を通じた貨幣によらない労働交換を組織できるようになるかもしれない。しかし、既存の資本制的大企業を視野からなくしても消えてなくなるわけではない。その投資決定のマクロ経済的影響は否応なく降りかかってくる。

これらをみな国有化して、中央司令方式で管理すれば、問題は解決するが、我々はすでにそれが現代において機能しないことを知ってしまっている。アソシエーション的変革を唱える論者の多くもそう認識しているようである。ならば代替策を言わなければならない。

そこでそもそも、設備投資が先決し、雇用や所得がそれに従属して決まる法則をもたらしているのは何かを考えてみよう。もし人々の所得から消費を除いた貯蓄にしたがって、経済全体の設備投資の規模が決まるものならば、少なくとも総計についてはそれが過剰となって景気を加熱させたり、それが過小となって不況を悪化させたりすることはないはずである。貯蓄にかかわらず設備投資が私的判断で勝手に決まることを可能にしているものこそ、**信用創造**である。

すなわち、本質的な資本制経済においては、貨幣のほとんどを占める預金通貨を作っているのは、私企業の利潤目的の設備投資に応じた私銀行の私利目的の貸付である。貸付によって、貸付先企業の預金口座に無から書き込まれた預金が、社会に通貨として出回っていくのである。高度に公共的機能を担うはずの貨幣の発行が民営化されているのである。私銀行は、設備投資が拡大する上方への不均衡累積局面で、それに応じて貸付を増やして貨幣供給を増やして景気の加熱を激化させ、設備投資が縮小する下方への不均衡累積局面で、それに応じて貸付を減らし、返済を迫って、貨幣供給を減らして不況の深化を促進する。

したがって、私的信用創造を抑制・制御し、代わって民主的に民意を反映した政府が通貨を発行することで、公共目的で設備投資（などの実物投資・人的投資）をコントロールすることが必要となる。理想を言えば政府通貨を発行するのが望ましいが、政府が国債を発行し、日銀が買い取る形でもマクロ経済的には同じことである。

これによる設備投資補助金や公的融資、公共的な投資によって、労働や環境などの基準を守らせるとともに、選挙で選ばれたプランに基づき、介護や医療などのケア分野、再生可能エネルギーなど社会が必要とする分野が拡大し、社会にとって必要でない分野が縮小するように、**設備投資を誘導する**のである。そして、景気が加熱しそうならば、高い法人税で設備投資とそのための私的信用創造を抑えてインフレの進行を防止すればよい。このように、民意に基づき設備投資を公的にコントロールすることとは、生産手段の私的所有の性格が薄まり、共有の性格が強まることを意味する。

この章は、2021年6月に『科学的社会主義』第278号に掲載された拙稿、「生産手段蓄積の社会的コントロールこそ要諦」を、ほぼそのまま再掲したものである。

第3章　ミクロとマクロからの社会主義的変革の二契機
——リスク・決定・責任とマルクスの自由論

はじめに

本章では次の三対の二項関係の間に対応関係を見出す。

①マルクスの共産社会像
（イ）必然性の洞察としての自由の段階／（ロ）「真の自由の国」

②筆者の展望するミクロ次元の社会主義的変革
（イ）共同体的合意の成熟フェーズ／（ロ）リーダー主導フェーズ

③筆者の展望するマクロ次元の社会主義的変革

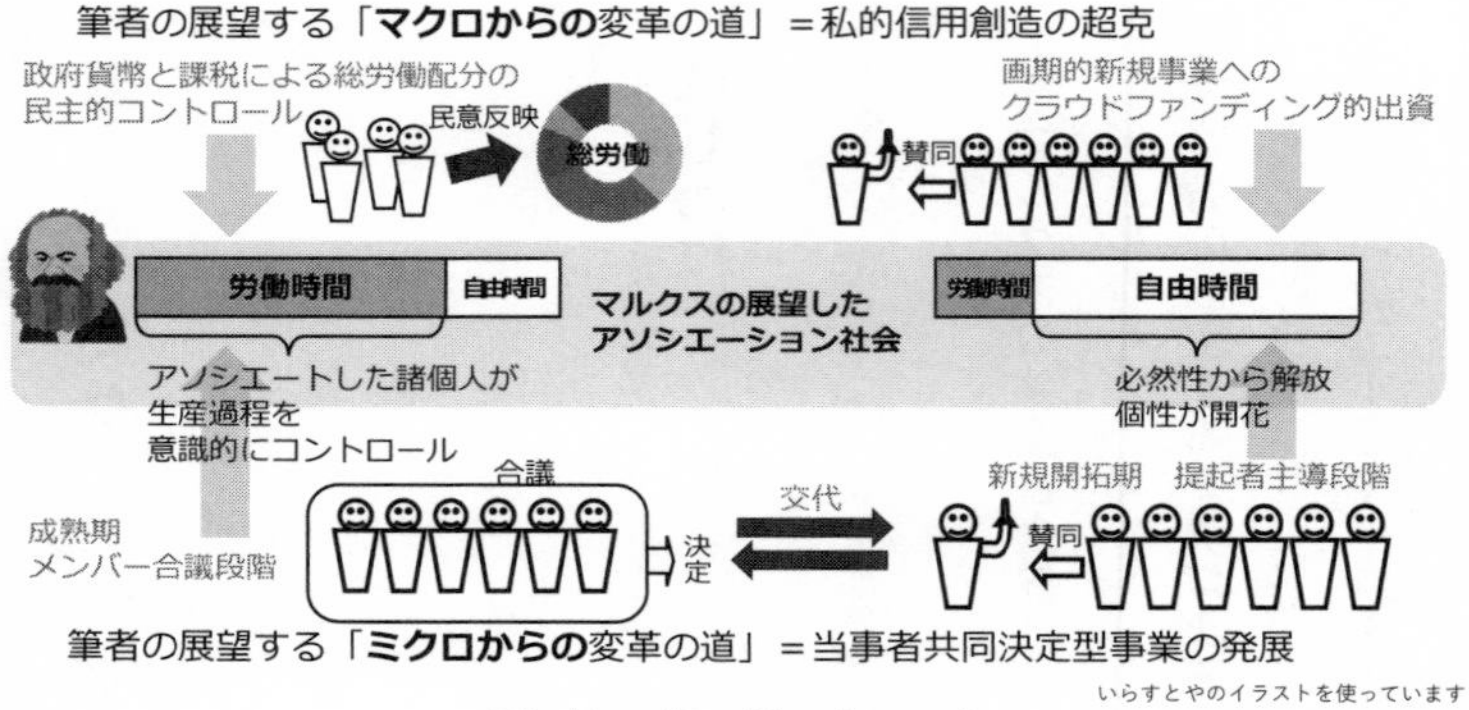

図　第３章で言いたいこと

（イ）政府貨幣による投資の社会化／（ロ）新規革新への自己責任投資

①は、共産社会が実現しても、アソシエートした諸個人が生産過程を意識的に統御するだけでは人々は依然必然性にとらわれており、自由時間が増えてはじめて、必然性から解放された「真の自由の国」が来て各自の個性が花開くとする議論である。

②は、労働者自主管理事業体のような協同組合的な参加型事業のスムーズな発展のあり方について、リーダーの提起に賛同する者が開放的に集まる段階と、関係当事者が責任を共有して合意で運営する段階とが交代するのがよいとする筆者の持論である。

③は、私的信用創造の縮小に合わせ、民意を反映した政府が通貨を発行して公共的に設備投資をコントロールする一方で、画期的新規事業はそれに意義を感じる個々人が自らリスクを引き受けて投資するようにすべきだとする筆者の展望である。

それぞれの（イ）は、リスク（偶然性）が低減したもとで、**社会的合意で生産過程をコントロールする点**で共通している。（ロ）は、**各個人が独自に意思決定し、そのリスクが他者にかからないようにする**（補償するなど）という点で共通している。

筆者の社会主義的変革展望は、②と③の（イ）のミクロ・マクロ双方向からの合意による生産過程のコントロールの進展により、資本制的生産を漸次侵食し、マルクスの（二）の（イ）につなげるとともに、そのことによって、②と③の（ロ）が、他者に被害を及ぼさないもの、特別の人でなくてもみながてきるものに漸次なっていって、①の（ロ）につながることである。それゆえ、マルクスの（イ）の後に（ロ）が来るという順番ではなく、双方同時に漸次実現していくイメージになる。

1　マルクスの共産社会二分論とその前提条件

社会的連関のコントロールを取り戻せ

まず本論の前に、マルクスの資本制批判の要点を簡単に確認する。それは、生産過程の社会的連関が直接的生産者個々人のコントロールできないものになって自立的に発展し、個々人に対立してくることにある。ヘーゲル左派哲学の言うところの「疎外」である。

もっとも、他の旧来の階級社会でも、生産過程が直接的生産者の自由にならないところはあった。しかし資本制的生産においては、直接の生産過程のいっさいが労働者のコントロールを離れたのみならず、全社会的な連関が支配階級である資本家にすらコントロールできなくなる。これが「物象化」である。

すなわちまず、社会的連関があたかもモノに内在する性質のように貨幣に投影されて個々人のコントロールを離れ、その無限の膨張が自己目的化する。そのために、労働者のコントロールの効かない生産手段が自己膨張して労働者を敵対的に手段化し、彼らの感性的生存自体をしばしば破壊する。そして、貨幣との交換割合に投影された社会的連関が個々人の手を離れてしばしば暴れ回り、恐慌のように社会の物質的再生産を破壊する。

それゆえこの止揚としての社会主義的な変革は、直接的生産者個々人のコントロールのもとに生産過程を服せしめるものでなければならない。それは、協業関係にある直接の生産過程を、その場の労働者たちが合意で意識的にコントロールするというだけではない。社会のニーズに合わせた社会的総労働の配分を、価値法則の事後的暴力的な調整にゆだねることなく、人々の事前的意識的な全社会的コントロールのもとにおくことをも意味する。すなわち、水平的につながりあった労働者たちの協同組合で各工場が運営されると同時に、そういった労働者たちが全社会的に水平的ネットワークでつながりあって全社会的調整を行うというイメージである。

必然的依存関係にしばられない「真の自由の国」

しかしマルクスの展望はそれで終わるわけではない。周知の通り、『経済学批判要綱』や『資本論』第3巻によれば、労働者は資本家の強制によらず合意で労働するという点では自由になるのだが、依然として、人々は生活のために労働しなければならない必然性にとらわれていると言う。言うところの「必然性の国」である。やがて労働時間が短縮して自由時間が増えた時、はじめて「真の自由の国」がくる。そしてその自由時間の中で各自は自分を陶冶するさまざまな活動を行い、その結果個性が全面的に発達して、それが同時に各自の生産力を高めることになると言うのである。

他方、マルクスの共産社会の段階区分としては『ゴータ綱領批判』の分配様式による区分が知られている。共産社会の低次の段階では「労働に応じた分配」が、高次の段階では「欲求に応じた分配」が成り立つとするものである。筆者は、２００１年の拙著『近代の復権』の第2章において、この両者の段階区分が対応関係にあることを示した。

というのは、『資本論』第1巻で物神崇拝が見られないケースとして共産社会に言及した周知の箇所で、分配様式が発展度によって変わることを述べた後で、「各自の労働によって分配が決まる場合」、すなわち『ゴータ綱領批判』で言う「労働に応じた分配」の段階について考察している。そしてその時には、**価値法則の内実**が透明に現れるというのである。すなわち、社会全体のニーズに応じた意識的な労働配分がなされることにより、事後的な商品交換ではないが、事前的意識的な労働交換がなされるというわけである。

これは、価値法則という必然法則を、意識的に利用するということである。だからこそ、依然として必然性にしばられていることを意味する。そこから自由になることは、生活のためにやむなくする労働依存関係の中で働く時間が極小化され、そのような依存関係の外で活動する時間が人間生活のメジャーな時間にならなければならない。

それだから、この自由時間における活動こそマルクスにとって真に自由な労働となるのである。それは、『要綱』で「全集中」で作曲する例をあげているように、単なる娯楽なのではない。生きていくための必然性にしばられることのない、個人自身が設定した目的のための創造的な自己実現活動であることを指して、「真に自由」と言っているのである。

リスクがあると合意は成り立たない

読者の中には、共産社会の人間は他者のための必然的な労働を喜びと感じるはずなので、それは生活のための相互依存関係にしばられない自由時間での活動と同様に自由な活動なのではないかと疑問をあげる人もいよう。筆者は本来それは危険な考えだと思うが、ここではあえて万民が他者のことをわけへだてなく存分に配慮することを前提にしよう。だとしても、リスクを伴う創造的な革新の結果に対する予想が大人数で統一することは、完全に情報が共有されたとしても**原理的にあり得ない**。確率分布自体すら確定できない「不確実性」を伴うものであればなおさらである。

マルクスの場合、資本制的生産のもとの科学と機械制大工業の発展で、計算可能性が増して不確実性が減っていくと認識されていた。労働者もさまざまな部門で労働可能な全能的存在になり、大人数で協業すれば個人的偏差は容易に相殺されて比例計算が成り立つとされた。資本制のもとでの不確実性は、もっぱら商品生産という特殊歴史的な社会形態がもたらすものとされているのだ。だからそれが超克された共産社会では、社会的生産過程に不確実性はなく、クリアに計算、計画が可能になると考えられていた。だからこそ、労働者たちが合意で生産過程を自由にコントロールできるとされたわけである。

したがってここでは、他者と互いに異なる個々人独自の創造的アイデアの入り込む余地はない。たとえ私欲のない公のためのものでも、かっちりとした計算で計画できない不確実なものならばそうなる。生きていくために必然的な相互依存関係の中で、それにかかわるリスクを伴う、革新的プロジェクトを思いついた者は、それが他者の多くに合意されないという形で自己実現が頓挫するだろう。さもなくば、内心納得していない形だけの合意で従わされた人びとが、いざ失敗した時に、生活にかかわるその結果を共有させられることで、自由が蹂躙されるだろう。

それゆえこのようなことは、生産過程の意識的コントロールによって生産力が私的歪曲から解放されて十全に力を発揮し、その成果で労働時間が短縮した暁に、生活のために必然的な社会的依存関係の外で、自由時間の中で可能とされるわけである。

機械化でかっちり計算可能になったことが条件

以上のマルクスの認識は、科学と機械制大工業の発展が、労働を単純化し労働過程を計算可能にするという、当時の繊維産業にとりわけて見られたであろう傾向に決定的に依存している。『共産党宣言』が大迫力で描くとおり、資本制経済の発展は地域や民族の差異を押し潰し、労働者の生活水準を生存維持的なものに切り縮める。大量生産で人々のニーズは均質なものになる。だから人々のニーズに基づく総労働の配分も、計算可能で確定的なものになる。

田畑稔や大谷禎之介らがマルクスの未来社会像を労働者個々人の水平的連合として把握し、アソシエーション論として世に広めるにあたっては、筆者もいささか貢献したものと思っているが、筆者も含め、当時はソ連型の中央司令体制のイメージの否定にやっきになっていた感がある。しかし、世界の最大の知性の多くがこれに近いイメージで受け取った事実は、エンゲルスの責に帰すなどですますわけにはいかない。

込み入った数値計算をコンピュータに任せることで、我々は手計算で展開を追う納得感を失い、ただ結論を一方的に受け取るだけになるが、だからといってコントロールを喪失した疎外だからやめろと言う者はいない。労働過程の運営が計算可能な工学となり、正しく計算すれば誰でも答えが一致するのならば、専門の担当者にそれをまかせることはコンピュータに計算をまかせることと同じである。この時には「個々人の民主的合意」と言っても、専門の担当者による管理と言っても、内実は同じことになる。どうすれば個々人の納得づくの民主的合意が可能かということについて深く悩む必要はない。

実際私見の及ぶ限り、マルクスは集合的意思決定にかかわる問題について考察をめぐらせている形跡はない。一方では指揮者の必要は叙述しているので、中央司令経済的イメージで読む人が現れるのも自然なことだと言えるが、納得づくの合意が難なく当たり前のように成り立つような物質的前提がふまえられてのことと見るべきだろう。

2　ニーズの潜在とリスク・決定・責任

試行錯誤とニーズを損ねない責任

さて、そうだとすると、問題はマルクスの時代を離れて、労働者がみんな単純労働者であるわけでもなく、テクノロジーの発達が不確実性の減少をもたらすとも断言できず、人々のニーズが多様な現在において、社会主義的変革はいかに可能かということである。すなわち現在において、生産過程の社会的連関が労働者個々人の手から遊離することのないよう、個々人の合意した意のもとにコントロールするということはいかに可能か。これには、決定とは何か、合意とは何かということを根本的に吟味しなおすことが必要である。

そもそも歴史上見られた多くの全体主義体制は、人民の圧倒的賛同を演出した上で、数々の大量殺戮や人権蹂躙を行なってきたものだが、これを一概に面従腹背の強いられた賛同とみなすわけにはいかない。その場の主観的認識としては本当に同意していたケースもあると考えないと、全体主義の恐ろしさと取り組むことはできない。

そうならないためには、会議でわけのわからないまま手を挙げれば合意なのか、熟議の上合意すれば人身御供も有効なのか等々、考えなければならない問題は山のようにある。ＰＨＰ研究所から出した拙著『ケインズの逆襲　ハイエクの慧眼』『自由のジレンマを解く』の連作は、この問題に取り組んだ試みである。

そこでの結論は次のようなものである。

社会の目的は、一人ひとりの生身の内にあるニーズが満たされることである。ニーズは本人にも自覚できない場合がある。ましてや他人には把握できない。頭で納得したつもりのやり方でも、実際やってみたらニーズに合致しないこともあり得る。だからニーズを満たすのは、自分や他人が意識的にせよ自然発生的にせよ創ったやり方の、できるだけ多様な選択肢から、実際に**試行錯誤**をしょっちゅう繰り返して、その結果を経験することで、満足のいくものを自ら**暫定的に**選ぶほかない。そのプロセスが万民に実質的に等しく保障されるのが自由で公正な社会である。

その裏には、自由な意思決定の結果の行動によって、自分や他人の生身の内にあるニーズを損ねてはならないという責任がある。制度的には、もしそれを損ねた場合、できるだけ元に戻すための補償をしなければならないとすることによってその責任が担保される。自由な意思決定の結果の行動で、意識的にせよ無意識にせよ他者に選択肢を提示することは、たとえ相手のためを思った善意のものであっても、相手の納得の度合いに応じて多かれ少なかれ、結果として相手のニーズを損ねることに対する責任を負うことになる。

リスク・決定・責任は一致しなければならない

筆者は、前掲二書、特に『ケインズの逆襲 ハイエクの慧眼』において、リスクと決定と責任が一致しないシステムはうまく機能しないということを述べた。決定者がその決定のリスクを自ら背負わず、その結果に責任を負わなければ、リスクのある決定をし放題になるからである。

そうすると、なぜ社会的連関が個々人の手を離れるのを防ぎ、個々人のコントロール下におくよう目指すべきなのかがわかる。自分が決定に関与していないことのリスクを背負い、自分のニーズが損なわれる結果になってもそれを引き受けるだけというのは根源的な自由の侵害であり不当だからである。もしこの決定が人為によるものならば、その決定者はリスクを他人に負わせることができるので、リスクの高い決定をし放題になり社会的再生産の破壊につながる。

またここからは、自己決定を自己目的にしてはならないことがわかる。実質的に一部の者による意思決定の結果を、形式的な会議などで全員の合意があることにするケースは世上多々見られる。そうなると、その結果に対する責任を実質的な決定者がもっぱら引き受けず、**広く責任が拡散されてしまう**。すると過剰にリスクの高い決定がなされてしまう。

全員が自ら実質的に意思決定できるだけの余裕と情報共有ができれば民主的に合意を得た方がいいのだが、それが実質的にできないのであれば、一部の者が名実ともに決定を独占するかわりに、その結果に対する責任を**決定者が引き受けて、他者に一切被害を及ぼさない**という方がよほどましである。

私は右記のことを第1章で述べたマルクス疎外論の現代的精密化につなげた。その論理を簡潔に示すと次の通りである。

先述したことの繰り返しになるが、生きている生身の個々人のニーズは、個々人の内面に潜在し、自分でもしばしば自覚できない。ましてや他人にはわからない。それは、ニーズを充足するための機会の選択肢が豊富にある中で、それらを自由に試行錯誤することで発見し、充足するほかない。試行錯誤可能なその選択肢が豊富で平等な社会が、我々の目指すべき社会である。

逆に言えば、他者の意思決定の影響で、このニーズ充足の機会の選択肢が万人に可能な最大限よりも狭められることが、自由の侵害だと言える。それは、意図的な意思決定の場合もあるし、多数の人の意思の無意識の合成の場合もある。

そうすると、この意図的な意思決定が「権力者の命令」であったり、多数の人の意思の無意識の合成が「市場メカニズム」や「慣習」であったりというふうに、いずれにせよ人間の社会的依存関係を展開せしめる機能を持つ場合であって、その影響で個々人のニーズ充足の機会の選択肢が現に狭められているか、あるいはそのリスクがあるケースが、前述の「疎外」であると言える。

そのようなシステムのもとでは、意思決定者が、その決定の結果のリスクを自らは負わず、他人に負わせることができる。すると過剰にリスクの高い決定がし放題になる。その結果は必然的に、生きている生身の多くの個々人のニーズ充足の機会の選択肢が狭められる「自由の侵害」に至る。

一般に、意思決定の結果、誰かのニーズ充足の機会の選択肢が狭められたならば、それを補償する責任が意思決定者自身に帰属されなければならない。それは、意思決定の自由度に応じて、そして影響力の大きさに応じて帰属されるべきことになる。そうしてこそ、意思決定者はリスクを考慮した適切な決定を行うことになる。さもなくば、意思決定は、その結果によって実際にニーズ充足の機会の選択肢が損なわれるリスクのある立場の人たち自身によってなされ、その結果の責任を自ら引き受けるようにするべきである。

拙著『ケインズの逆襲　ハイエクの慧眼』では、ソ連型体制崩壊の原因論からはじまり、原発乱立や金融破綻や「そごう問題」などの現代の経済問題がなぜ起こるか、役所に企業経営手法をもちこむのがいかに間違っているか、医療や沿岸漁業に資本主義企業がとられない合理的理由はなにか、消費生協の存在根拠は何か、ケアの事業体に労働者や利用者の協同組合が多いのはなぜかということ等を、すべてこの「リスク・決定・責任は一致しなければならない」という原理から説明している。

現場の当事者が運営する「ミクロ次元からの道」

さて、今日の情報処理能力や自由時間にてらした時、私営であれ国営であれ、我々が資本制的生産を全面的に揚棄できるかというと、それは率直に不可能と言うほかない。今日の大企業の経営を末端の労働者皆で担おうとしても、分厚い資料を消化する暇もなく、よくわからないまま形式的に信任票を入れるだけになる可能性が高い。自治可能な事業部門ごとに分割したとしても、強い相互依存関係があるかぎり、全体を調整する部署が労働者たちから遊離して支配することになる。経済全体の総労働配分も、細かい個々の生産分野の増減まで国政選挙などの争点にすることは不可能だろう。

したがって、当分見通せる将来の間は、経済を主要に担っている大企業の多くは、私営であれ国営であれ、経営者が生産に関する基本的決定を独占するかわりに、その決定の責任をきっちりと経営側に帰属させ、従業者にも地域住民にも顧客にも悪影響を及ぼさせないために、労働運動や住民運動、消費者運動などが闘い、それを規制や司法などで制度的に保障するというレベルの時代が続くだろう。そして、労働組合運動の発展や、労働運動・市民運動の株の力の利用、従業員の経営参加制度の発展などを通じて、企業意思決定へのブルジョワ階級側以外の関係当事者の影響力の拡大を漸次進めていくことになるだろう。

他方で、今日の情報処理能力や労働時間で実質的にも民主的運営が可能な規模の独立事業や現場下部組織では、従業者や利用者に主権のある協同組合的な事業体の取り組みが広がっていくべきだろう。前掲拙著では、労働集約的であるために資本側のリスクが比較的低い一方で、人的リスクにかかわる情報が現場に偏在しているケア分野については、資本側が決定を握るよりも従業者側が決定を握ったほうが、リスクと決定と責任の一致が成り立つことを論じた。このような分野から他分野にもだんだんと、従業者や利用者に主権のある事業体の取り組みを広げ、農家や商店などの個人事業者ともネットワーク的につながって、次第に、事後的な商品交換ではなくて事前的な直接ニーズに基づく生産関係を広げていくことが期待される。やがてはブロックチェーン技術などによって、貨幣を介しない直接の労働交換も可能になっていくだろう。

このように、直接に手の届く範囲から、生産過程の社会的連関を個々人の意識的コントロールのもとで組織する「ミクロ次元からの道」が展望される。

反緊縮政策の「マクロ次元からの道」

しかし不況になれば協同組合も労働運動もたちまち苦境に陥る。市場を自然発生的な変動にまかせるかぎり、誰もその暴風雨から逃れる場はない。よって、マクロな社会的総労働の配分の公的意識的なコントロールにも乗り出さないわけにはいかない。

たしかに現状の情報処理技術などの発展段階では、個々の企業や細かい産業部門ごとの調節を、民意を反映してコントロールすることは不可能だろう。その生産や設備投資は、当分見通せる将来のあいだは、多くの場合資本制企業の私的意思決定に任せざるを得ない。しかし、私的信用創造を抑制するとともに、公共投資として、あるいは補助金や課税で誘導することによって、設備投資を公共目的でコントロールすることはできる。福祉サービスやエネルギー転換など、公共目的のための政府支出でも、総労働配分がコントロールされる。こうしたことを通じて、良質な完全雇用を維持するに足る総需要が作り出される。

欧米反緊縮派のとなえる反緊縮政策は、「グリーンニューディール」政策に典型的なように、総需要拡大政策を通じて産業構造を公的に変革することをめざすものである。特に、信用創造に批判的な論者たちは、究極には私的信用創造を廃止して政府貨幣による投資に替えることを展望する。これは設備投資部分から生産手段を社会化することを意味する。

英コービン労働党の経済政策を解説した『99%のための経済学』(堀内出版、2021)にも見られるように、反緊縮マクロ経済政策と労働者協同組合の組み合わせは、筆者が「レフト3.0」と呼んでいる欧米反緊縮左派の典型的な主張である。筆者も前掲のPHP新書の2冊や、ブレイディみかこ、北田暁大との鼎談本『そろそろ左派は〈経済〉を語ろう』(亜紀書房、2018)、2020年の講談社新書『左翼の逆襲』などで、反緊縮政策の潤沢な公的支出にバックアップされた協同組合的事業の発展の道を描いている。

以下では、この協同組合などの「ミクロ次元からの道」と、反緊縮政策の「マクロ次元からの道」の双方について、前述のマルクスの共産社会の2局面、「必然性の国」と「真の自由の国」のそれぞれに通じる2種類の契機があることを論じる。要点は、前述の「リスク、決定、責任の一致」である。

3 「ミクロ次元からの道」の2つのフェーズの交代

失敗や変質の教訓を理論化する段階に入って久しい

近年、権力を取る前にまず草の根から、労働者協同組合などの共同決定的事業の取り組みを広げていくアソシエーション的変革の路線がよく提唱されるようになった。これを筆者は好ましく見ているのだが、最近一部の宇野派も含むマルクス文献考証家の地球環境論者のグループから、筆者はしばしば、このような志向をもたないかのような、事実無根の批判を受けることがある。

事実は、筆者はすでにソ連が健在な1987年の学部卒業論文（ゼミ論文）で、こうした主張をしていたのである。以降、80年代終盤、90年代を通じて、この路線からの論考を出し続け、それを2001年の著書『近代の復権』でまとめている。そしてその後もほぼ出す著書ごとにこの問題について論じ、地域での実践にもわずかばかりの貢献をしてきたつもりである。

しかも、こうした議論が始まってすでに約30年、NPO法ができてすでに四半世紀近くを経て、こうした事業の数多くの失敗や変質の事例が積み重なっている。今さらこのような事業形態に着目する段階はとっくに終わっていて、そのような事例からの教訓を理論化していく段階になって久しいのである。筆者も、２００５年の『市民参加のまちづくり【戦略編】――参加とリーダーシップ・自立とパートナーシップ』、同年の『季報　唯物論研究』第94号の「コミュニティの中でのアソシエーション形成のために」、２０１３年の『市民参加のまちづくり・グローカル編――コミュニティへの自由』（ともに創成社）でそのことを論じている。２０１２年の『新しい左翼入門』（講談社）の第三部でも論じている。同年の社会主義理論学会編の『資本主義の限界と社会主義』（時潮社）の論考「リスクと決定から社会主義を語る」では、労働者管理企業が資本制的企業に変質する諸ルートを考察している。

こうしたことへの言及も、筆者が草の根からのアソシエーション的変革路線を否定する意図で言っているような誤解をふりまく言説を目にするが、もちろんそうではなく、失敗や変質のルートを明らかにすることで、それを防いで発展する道を探るために取り組んだ研究である。

リーダー主導段階から当事者合議段階への転換

特に、『市民参加のまちづくり【戦略編】』の序章や『新しい左翼入門』第三部では、筆者は次のように論じている。

コミュニティの中での人々の満たされざるニーズは、自分でも自覚できない時があるし、ましてや他人にはわからない。潜在するニーズの存在とその満たし方は、誰かその仮説を抱いたリーダーが「この指とまれ」と提起し、それに賛同するフォロワーが開放的に集まってくることによって、事業として確認するほかない。仮説というものは、**はずれるリスクがある以上、既存の合議組織での合意は容易に望めない**からである。マンパワーが必要な場合は、あえてリスクを引き受けた少数者に責任をとどめながら事業を広めるために、貨幣の力で雇用や委託を使って、多くの関係者に責任をかけずに事業を進める必要がでてくる。それゆえこの段階では、事業体は公営でもＮＰＯや協同組合でも、資本主義企業のような性格が強く、しばしば実際に事業形態としても会社形態がとられる。

しかし仮説が当たって、事業が発展して多くの関係当事者が形成されて、ルーチンになってくると、一般の関係当事者にニーズが自覚されてくる。よってニーズをはずすリスクは小さくなり、リスクは**普通の当事者たちにも共有可能**になる。この段階では、現場の従業者や利用者の方がニーズとその満たし方にかかわる情報に精通し、現場にいないリーダーの指示はかえってそこからはずれてしまうことになる。むしろ、事業がルーチンとして遂行されることに支障が生じて、雇用や生活が脅かされることが、多くの人にとってリスクとして重大になる。

それゆえこの段階になると、リーダーはフェードアウトし、従業者や利用者、場合によっては地域住民といった普通の関係当事者の合議で事業運営されることが、リスク、責任、決定の一致をもたらすことになる。この段階では、事業体は形式は会社でも公営でも協同組合的性格が強くなり、しばしば実際に協同組合の形態がとられる。筆者は、リーダー主導段階から合議段階へのこの転換をスムーズにできずに失敗した実例をいくつか見てきた。

当事者合議段階とリーダー主導段階の繰り返しによる発展

しかし、合議による運営が成熟することは、事業の関係当事者の中に、メンバーとして意思決定に参加できる者と、メンバーでないとされる者との間に線を引いていく過程である。やがて意思決定に加われない人たちの間で、潜在的ニーズとのギャップが起こってくる。しかし事業が成熟すると組織文化が形成され、外部者にとって敷居が高まって、閉鎖集団化が進む。するとそうした満たされない潜在ニーズに気づかなくなる。甚だしくは、外部に対して害を与えたり、内部同調を強制したりして、異論を出す者を裏切り者扱いして抑圧するようになる。

それゆえそうなる前に、またも、満たされない潜在ニーズについて仮説を立てて、「この指とまれ」と新規事業に乗り出す必要がでてくる。こうしてリーダー主導段階と合議段階を繰り返すことにより、合意性・共同性と、開放性・個人の創意という、矛盾する二側面がともに発展し、社会的協働関係を一般当事者が意識的にコントロールすることで、個々人の**多様でそれぞれ唯一無二のニーズ**を、より満たすことができるように進化していくのである。

成功した事業体ではしばしば、協同組合的な合議運動体と、会社的な事業組織を両方持っているケースが見られる。成功したまちづくりの事例では、華々しいリーダー主導事業の発展期に先行して、地道な話し合いの時期が続いていたケースが見られる。2つのフェーズが全く入れ替わって交代するのではなく、常に両側面があって比重が入れ替わることが成功の秘訣のようである。

合意性と開放性を両立させることは容易ではないが、リーダー主導と共同体の悪いところを総合して閉鎖的な少数支配組織になることは容易である。従業者や利用者に主権がある事業の試みも、数多くの変質や失敗をこれからも生み出していくだろう。しかしそれ以上に新しい立ち上げが起こり全体として見て、従業者や利用者に主権がある事業のネットワーク経済が発展していけばよい。

そうすると、情報処理技術の発展とともに、従業者や利用者個々人の合意で共同的にコントロールできる社会的連関の範囲が広がっていくとともに、リーダー主導段階のプロセスは、天才やカリスマでなくても、ますます普通の人が雇用者を巻き込まずにできるものになっていくだろう。こうして前者はマルクスの必然的依存関係のアソシエーション的コントロールに、後者はマルクスの「真の自由の国」の自由時間の中での活動につながっていくことが展望される。

なお、前掲の『季報　唯物論研究』論文では、協同組合的事業の変質を防ぐための仕組みとして、形式的な企業形態にかかわらずアソシエーションの精神で労使紛争などの紛争を調停するＮＰＯの必要性や、組織内民主主義の担保のための選挙請負、認定の仕組みの必要性を提言している。

4　「マクロ次元からの道」

政治権力と完全雇用政策はアソシエーション的変革に不可欠

さて、マクロ次元での社会主義的変革の話に移ろう。

これについても、マルクス原典のエコロジー的読解をしているグループの論者からは、「政治主義」とか「政策至上主義」などの批判がよせられている。

これらの批判者にとっては釈迦に説法の話だが、そもそもマルクスは、終始アナキストを排撃し、過渡期としてではあれ、労働者が政治権力を握ることを必須としていた。協同組合工場の実践に未来社会の萌芽を見つつも、労働者が政治権力を握り全体的変革をすることなしにはそれは成功しないと釘を指していた。

そもそも少子化などの現代的条件に日本資本主義が適応するために、支配体制側が新たな帝国主義に向けて全力で法整備を進めている時に、国会内の勢力分布を変えることなしに、どうやってこれを阻止できるというのか。巨大な力を持った大企業を支配するエリートの勝手な決定の結果で、多くの人々が翻弄される現実から目を背け、箱庭コミュニティの建設にこもって未来の反撃を思い描いても目の前の横暴は止められない。デモも騒擾も究極に権力の転覆につながる脅威なしにはそのための力を持たない。

私見では、批判者たちは、「政治主義」とか「政策至上主義」という批判をすることで、政治権力を掌握することによる体制変革のはっきりとした道筋を提起することを意図的に避けているように思われる。

さらに、これらの論者たちは、筆者の唱える反緊縮政策を、無限の成長を求める資本主義活性化策のように描き出す藁人形攻撃を加えてくる。まずもって、総需要拡大政策は失業問題を重大視し、雇用を拡大するために必要なものであって、完全雇用が実現すればそれでおしまいである。労働力人口が増加しないならば、その後は経済成長する必要はない。また、財政を投入して拡大すべき部門の中心として想定されているのは、これらの論者たちも重視しているはずのケア部門であって、それは低炭素部門でもあって環境負荷は小さい。そして前述のとおり、それらの部門での事業体の中心は協同組合的なものが想定されている。

こうしたことは、当人たちに口頭で説明しているのみならず、これまで執筆してきた反緊縮関連の拙著のほとんどで述べているはずのことである。にもかかわらず、いつまでたっても藁人形攻撃をやめないのである。

そもそも失業者が多いと産業予備軍効果が働き、労働者の戦闘性はくじかれる。逆に、人手不足の状況になると労働組合側の交渉力が強まる。不況の中ではしばしば労働者協同組合も倒産しないように資本制企業以上のブラック企業と化すし、潰れてしまうケースも多い。人手不足になってこそ、解雇の脅しの効かなくなった資本制企業に比べて、なんのために働くかを自分たちで決めてモチベーションを維持できる労働者協同組合の優位性が生じる。従業者や利用者に主権のある協同組合的事業体を、変質なく健全に発展させるためには、良好な景気の状態を維持することはとても重要なことである。

私的信用創造制度の歴史的存在合理性とその喪失

のみならず、筆者の反緊縮論は、欧米反緊縮派、特に信用創造批判派の流れを引いて、社会主義的な体制変革を志向するものである。このことは、『左翼の逆襲』や、井上智洋、高橋真也との共著の『資本主義から脱却せよ』（光文社、２０２１）という最近の著書や、２０２０年の『季刊経済理論』第57巻第1号に載せた論文「反緊縮経済政策理論の体制変革展望」（修正のうえ本書第４章に所収）で詳述したが、すでに、２０１９年の『左派・リベラル派が勝つための経済政策作戦会議』（青灯社）や、同年に大阪市立大学の『經濟學雜誌』第１１９巻第2号に載せた「反緊縮のマクロ経済政策諸理論とその総合」で触れている。批判者たちがどれかを目にしていないはずはないが、このことについて言及したことを目にしたことはない。

私的信用創造制度が歴史的存在合理性を喪失し、設備投資が停滞する傾向を歴史的必然として受け入れたとき、その現実と整合するシステムとしての、公共的貨幣供給と課税による総労働配分のコントロールの必然性・必要性については、第1章25頁以降にも述べた通りである。

それゆえ、筆者を無限の経済成長を希求する者のように描く批判がいかに言いがかりかということである。

独創的事業は個人がリスクを引き受けて出資

他方で、これからもリスクのある独創的事業に乗り出す試みは、なくなりはしないだろう。しかしそれは信用創造のような新たに貨幣を作り出すことによるのではなく、クラウドファンディングが発展したような方式で、自らリスクを引き受ける覚悟のある賛同者が個人として出資、協力するようにするべきである。その際、詐欺を防ぎ、適切なマッチングを促進するためのインフラを公的に整備することにより、こうした事業が活発に起こってくることは支援されるべきであろう。こうして画期的新事業に成功した者とその出資者が特別に高い利潤を得ることは、いちがいに否定されるべきではない。

この場合重要なのは、信用創造のように投資が貯蓄を決めるのではなく、公衆の貯蓄の範囲内で投資がなされるということである。マクロ財市場全体で貯蓄が投資を決めるならば、それはセイ法則を意味する。すなわち、リスクの低減した部門が政府の政策で適切なマクロ財市場均衡を維持している時に、この独創的事業の活動が財市場の全般的撹乱をもたらすことはないことになる。

こうして、情報処理能力の発展で民主的意思決定が充実するにつれて、政府貨幣と課税を通じた社会的総労働のコントロールはますます有効精緻になって、生産手段運用の実体が共有に変わっていく。そのかなたに、マルクスの「必然の国」の全社会的アソシエーションが展望される。他方で、それが社会サービスや雇用や所得の保障を充実させて、個々人の生活リスクを取り除いていくにつれて、そうした共同関係との総体としての必然的な影響関係の外で、リスクある独創的事業は、大組織でなくても、普通の個人でも、気楽に乗り出せるものにますますなっていく。そのかなたに、マルクスの「真の自由の国」の自由時間の中での活動が展望される。

この章は、2021年11月に『季報・唯物論研究』157号に掲載された拙稿、「ミクロとマクロからの社会主義的変革の二契機――リスク・決定・責任とマルクスの自由論」を、他章との重複の削除などの補正の上、再掲したものである。

この章の内容は、筆者のユーチューブチャンネルでの同タイトルの動画で、図解や補足を交えて解説している。

第４章　反緊縮経済政策理論の体制変革展望

はじめに

筆者の反緊縮経済政策論に対する批判への応答をまとめてみた。

第１に、筆者の反緊縮政策論は人口減少時代に合致しない経済成長依存論であるとの批判がある。その際、批判者の側の立論が、人口減少時代に合致したものとして対置されるのが常である。しかしこれは誤解である。筆者の反緊縮政策論は、（妥協や譲歩ではなく）議論の本質として、人口減少時代を根拠として説かれているものである。むしろ批判者の側の立論の方が、人口減少時代への対応を欠いていることが示される。

第２に、筆者の反緊縮政策論は資本制的生産様式を前提する、単なる政策論との批判がある。その際、批判者の立論が、資本制的生産様式を超える体制変革を志向するものとして対置されるのが常である。

しかしこれも誤解である。筆者の反緊縮政策論は、（妥協や譲歩ではなく）議論の本質として、資本制的生産様式に替わる社会主義的体制変革を志向するものである。むしろ反緊縮政策なき体制変革は、資本制的生産様式を揚棄して生産手段の社会化を実現していくための要点を欠いていることが示される。

またこの第2の論点の系として、筆者の反緊縮政策論が、労働運動をはじめとする社会運動に対して冷淡、ないし敵対的であるとの批判もある。これは単にまったくの誤解であり根拠を持たない。むしろ、反緊縮運動は、労働者階級の階級闘争をはじめとするラジカルな民衆運動の一環として行われてはじめて力を持つものであるし、また逆に、反緊縮政策が進展することが、これらの運動が有利に闘われ、前進できるためのクリティカルな条件を作るものである。その意味で両者が相互促進的な不可分の関係にあることが強調される。

以上の議論で、人口減少に対応し、資本制的生産様式を揚棄していくためのクリティカルなチャンネルとして筆者が指摘しているのが、財政均衡原則と私銀行による信用創造、そして両者をつなぐ「独立」した中央銀行制度という三位一体のシステムを変革することである。反緊縮経済政策論の諸派は、これらのシステムのどれを揚棄すべきかについて温度差がある。また、それぞれ、その揚棄すべき制度がもともとから不合理な誤ったシステムであったとの立論をする傾向がある。

それに対して拙論は、これらの制度は、これまでの歴史的条件のもとでは、一定の存在合理性を持っていたとみなす。それが先進国全体を覆う人口停滞の条件のもとで、存在合理性を失っていると立論する。

1　蓄積停滞の時代には反緊縮政策が必然

蓄積減退期が「ダークな」時代となる転倒

さて、ここで読者には、数家族からなる原始的段階の自給的共同体または、社会主義的に組織された未来の仮想的共同社会を想定されたい。この社会において、生産手段が不足していて、その蓄積が課題であると、その成員の総意で認識された場合にはどうなるだろうか。相対的に多く蓄積さるべき生産手段の生産のために、総労働の中から相対的に多くの労働が割かれねばならず、消費財を直接間接に生産するために総労働の中から配分さるべき労働は、圧迫されてしまう。したがって、各成員は手にすべき消費財の量が相対的に圧迫されて少なくなることは覚悟せねばならない。これはこの社会の成員とって「ダークな」時代である。

ところがこの社会で首尾よく生産手段の蓄積が進展し、もう十分に生産手段が満たされたならばどうなるだろうか。蓄積さるべき生産手段の生産が相対的に不要になるので、総労働の中でその生産のために労働を相対的に割かなくてもすむ。そうすると、その分の労働を消費財の直接間接の生産のためにまわすことができて、消費財の生産量が増える。これは、各自が手にすべき消費財の量が増えるということである。それゆえこの段階に至ったならば、この社会の成員にとって「ハッピーな」時代が来ると言える。

ところがこれが資本制的生産のもとでは転倒する。

生産手段の蓄積が進展する時期は、それにともなって総需要が拡大し、それゆえ雇用が拡大する好況期である。この時には、生産手段の生産のために割かれる労働の、消費財の生産のために割かれる労働に対する比率は上昇するが、絶対量としては、生産手段の生産量やそのための雇用も、消費財の生産量やそのための雇用も、共々増大する。それゆえ総人口中で各自が手にすることのできる消費財の量も増大する。

資本制的生産のもとでは、蓄積されるべき生産手段は疎外された剰余生産物である。それを直接間接に生産するための労働は社会的総労働の中での剰余労働であるが、その生産に実際に従事する労働者にとっては、賃金によって入手できた生活物資を生産するための直接間接の労働は自己の労働が補償されたものとみなせるので、それを超える分の労働が搾取された剰余労働となる。その代わり、生活物資を直接間接に生産する労働者にとっては、剰余生産に従事する労働者が入手する分の生産物は自分の賃金から入手することができないので、それを生産した分の労働は搾取された剰余労働となる。かくして全労働者があまねく剰余労働を負担しているとみなせる。

すると、蓄積生産手段の生産のために直接間接に雇用される労働者の増大が、消費財生産のために直接間接に雇用される労働者の増大よりも大きいかぎり、労働者各自が負担する剰余労働は必ず増大する。すなわち搾取が増す。これは、本来こうした段階が「ダークな」時代であることに対応したものである。

しかしこうした本来「ダークな」時代が、資本家のみならず労働者にとっても消費が増えて「ハッピーな」時代として、転倒して現象するのである。

生産手段の蓄積が減退する時期はこれと逆になる。蓄積の減退によって総需要が減退して相対的に雇用が減り、失業率が高まる不況期となる。労働の搾取は平均的に軽減され、本来「ハッピーな」時代となるはずなのに、それが、資本家のみならず労働者にとっても、所得が減って消費が減る「ダークな」時代として、転倒して現象するのである。

これは、資本制的生産が、人々の生活を目的とするのではなく、資本蓄積を自己目的として私的利潤を追求してなされることの帰結である。[*1]

生産手段の蓄積が低迷する時代は市場に任せると雇用停滞

さて、現代の先進国経済、特に日本において、生産手段の蓄積が長期傾向的に停滞することは、次のような事実に根拠を持っている。

1つは、労働力人口の成長が長期的に見て停止していることである。このかぎり、資本蓄積が累積する好況期の経済拡大が完全雇用にまで至った時、もはや蓄積を持続することはできなくなる。生産手段を拡大しても、それにともなって追加すべき雇用がマクロ的には払底するからである。

2つ目は、人口が長期的に減少することが明らかである以上、消費財やサービスの需要の拡大が長期的に見て望み得ないことである。このかぎり、国内で生産能力を拡大してもマクロ的には収益機会はないことになる。

3つ目に、生産手段の蓄積が十分豊富に進んだ結果、上記2点もその要因のうちとして、生産手段の追加的1単位から得られる収益、ケインズの言う「資本の限界効率」が低迷していることである[*2]。

上述のとおり、このことは本来は望ましいことのはずである。その分、従来蓄積生産手段の直接間接の生産のために割かれていた労働をまわして、人々の生活に直接に役に立つ生産物やサービスの生産を充実させることができる。今日の日本では、人としての尊厳に満たない消費生活を強いられている人も多い。介護や保育などの社会サービスは圧倒的に足りていない。就労を望む人々を全員適切に労働配置すれば、これらの生産が増えるので、誰もが十分豊かに生活物資や社会サービスを享受する再生産は組織可能である。

しかし、蓄積需要に雇用や消費が従属する資本制経済の転倒した現象では、蓄積の低迷は失業や倒産や賃金抑圧をもたらし、大衆の生活水準を低迷させる。

人口成長がなくなったことに照応して蓄積が起こらないのが自然な時代になったならば、経済成長はしない状態が整合的であるとするのはたしかにある意味で正論である。しかしそのように言う時には、**完全雇用した経済の「天井」がそれ以上に成長しない**という意味と、**総需要が低迷して雇用が不足したまま増えない**という意味とを区別することが決定的に重要である。

前者は、人口成長しなくなる限りあらゆる社会体制で共通に不可避で、適切に組織されるならば勤労大衆にとって望ましいものである。後者は資本制的形態のもとで特有に見られる現象で、勤労

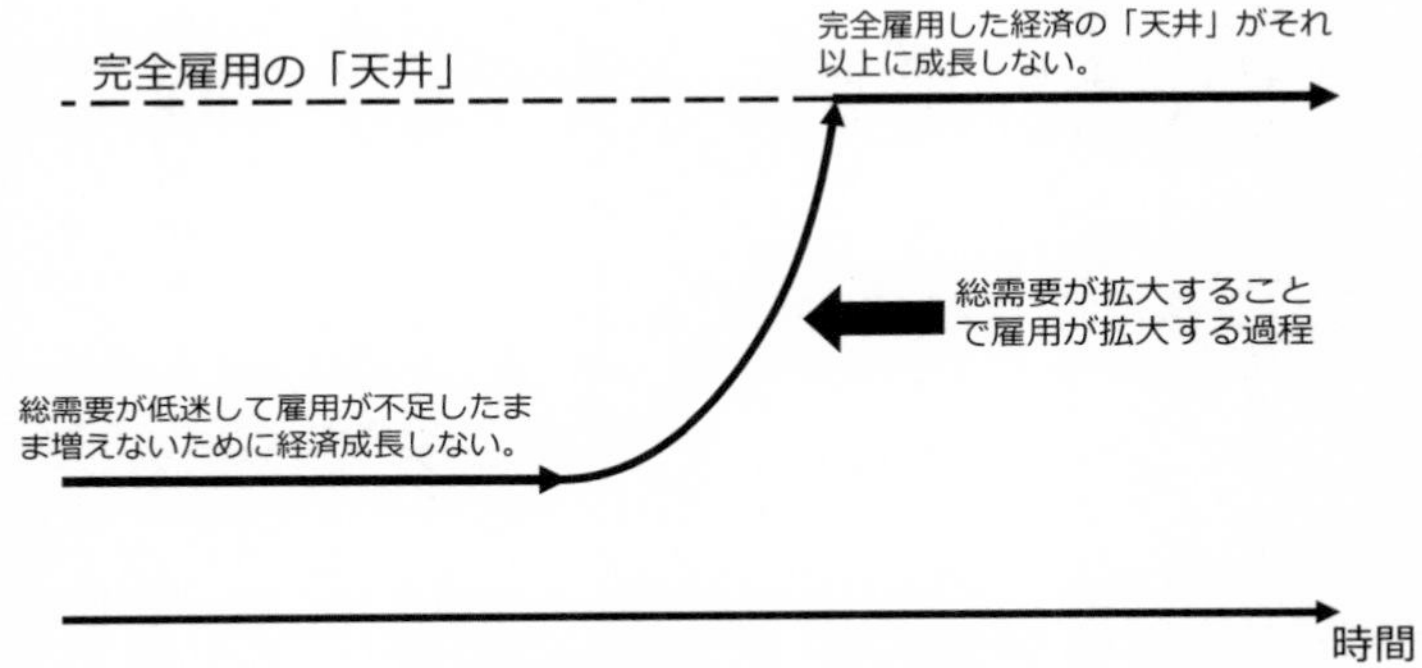
完全雇用の「天井」
完全雇用した経済の「天井」がそれ以上に成長しない。
総需要が拡大することで雇用が拡大する過程
総需要が低迷して雇用が不足したまま増えないために経済成長しない。
時間

図「経済成長しない」の二つの意味

大衆に苦難を押し付けるものである。ここにおいてもたらされるデフレと経済停滞という現象を、人口減少という本質と無媒介に混同して、脱成長の名のもとに必然視することは謬見である。経済停滞から完全雇用に至るまでには、短期的一時的なものであるが、財やサービスの生産が増大して雇用が拡大する「経済成長」のステップがないわけにはいかない。それは介護などの社会サービスの公的供給の増大という形をとるかもしれない。環境破壊的ジャンク財生産の増大というイメージに縛られる必要はない。

私的信用創造で作った貨幣で生産手段の蓄積

では蓄積需要が低迷する中で完全雇用が実現するまで消費財や社会サービスを拡大するためにはどうすればいいのだろうか。この問いは、なぜ資本制の原理のもとでは蓄積需要が総需要を規定し、生産や雇用がそれに従属することになっているかという問いの裏返しである。

あらゆる支出が収入に応じてきっちり行われるのであれば、このようなことにはならない。この場合、支出の社会的総計である総需要と、収入の社会的総計である総供給は必ず一致するので、蓄積財が需要不足で生産が低迷するならば、消費財は需要超過で生産が拡大する。すなわち「セイ法則」である。

現実経済でこれが成り立たないのは、収入から切り離された支出があるからである。一般の個人の消費支出も、収入を使い残して貨幣で持つことがあるという意味ではそうかもしれない。しかし収入に応じて従属して決まるという意味では、両者が完全に切り離されているわけではない。それに対して企業の蓄積需要の場合は、**収入から決定的に独立して決まる**という意味で、セイ法則を本質的に破る性質を持っている。[*3]

資本制的生産は生まれた時から、およそセイ法則的でない景気変動がつきもので、資本家階級というものが元来から、収入に縛られず、自分や他人の貨幣ストックにアクセスできる存在だったことは疑い得ない。しかし、近代的な私銀行の信用創造制度が、この性質を大きく助長していることは間違いない。

すなわち、企業の機能資本家は収入から独立して、生産手段の蓄積のために私銀行から蓄積資金を借り入れることができる。その時、銀行は手元の資金にかかわらず、その企業がその銀行に持つ預金に、貸し付ける資金の金額を書き込む。これが信用創造である。この預金が、従業員の賃金や仕入先への支払いとして他者の預金に振り込まれ、以降、貨幣として市中に流通して決済に使われていく。だから私銀行による蓄積資金の貸し付けが、経済に貨幣（マネーストック）を供給しているのだと言える。

このように作られた資金を裏付けにした蓄積需要によって、生産手段生産のための直接・間接の雇用が増加し、所得が増加し、それが消費需要の増加をもたらして、以降、需要が波及して消費財生産の増大が従属的にもたらされる。

それゆえ蓄積需要が低迷するならば、それによって市中に供給されて総需要をもたらすべき貨幣が不十分で、まっとうな完全雇用が実現できないことになる。このような不況になれば、銀行は貸した資金の返済を求めるが、先述と逆の過程により、貸し付けが返済されると預金がその分消えるので、市中に出回るべき貨幣がその分消失することになる。よってますます総需要は減退し、雇用は縮小し、不況が深化することになる。

停滞する蓄積需要を補えるものは何か？

ではどうすれば蓄積需要の低迷を補って完全雇用を実現するに足る需要を作り出すことができるのだろうか。もちろん、もっとまっとうな生活ができるための消費財へのニーズも、社会サービスへのニーズも、たくさん満たされないで潜在しているが、さしあたり商品生産がメジャーな社会を前提するかぎり、貨幣の裏付けなしには、これらのニーズが顕在化して労働を駆動することはない。

労働者階級が賃上げ闘争を闘い、資本家階級が手にする利潤を圧迫して賃金の拡大にまわすのはどうだろうか。あるいは、資本家階級への課税を強化して大衆のための社会サービスなどの支出にまわすのはどうだろうか。これらの方途は、資本家階級の需要を減らすことにより、資本家が入手するはずであった剰余生産物の直接間接の生産のための労働配分を抑制し、その代わり、大衆が入手する財や社会サービスなどの直接間接の生産のための労働配分を増やす[*4]。その意味で労働者階級の境遇を前進させるために不可欠の重要性を持つ。しかしそのかぎりでは総需要全体を拡大させるものではなく、総雇用は増大しない[*5]。

たしかに、資本家階級は収入を支出せずに貨幣のまま持つ割合が相対的に高いので、これらの方途によって、無駄に積まれていた貨幣が有効に支出されるという効果はあろう。その分については総需要が拡大し総雇用の増加に役立つ。しかし、本質的には、収入に従属して決まる支出の間の代替にすぎないかぎり、蓄積需要の減退によって市中に支出として出される貨幣自体が抑制されていることのマイナスを補うには力不足である。

蓄積需要の低迷で、市中に支出として出される貨幣が、完全雇用実現のためには不足しているならば、市中に出される貨幣自体を、完全雇用に相応するまで増加させることのできる支出がなされなければならない。それは、**現行銀行システムを前提するかぎり**、何者かが企業に替わって借り入れを行い、信用創造で貨幣を作るほかない。

近年、企業の蓄積のための貸し付けが低迷した先進国で、最初に行われたのは、住宅や耐久消費財などへの支出のために、個人向け貸し付けを拡大することだった。経済成長が順調な時代に企業の生産手段蓄積のためになされた貸し付けは、総じて価値実現される生産の拡大をもたらしたので、利子を生み続ける。そのかぎり借り換えられるし、必要なら返済することも可能だった。しかし個人向け貸し付けは違う。生産の拡大をもたらすものではないので、経済全体として利子を作り出すものではないので、返済しないわけにはいかない。だからこうした個人向け貸し付けによって市中に貨幣が作られることで、蓄積低迷による貨幣減を一旦補えたとしても、いつかは返済で貨幣が消える。そのうえ生産的投資と違って返済分を回収する商品が生産されるわけでもない。返済されなければバブルがはじけて信用収縮して、またも倒産と失業を作り出すだけだった。

よって、企業の蓄積のための貸し付けも、個人向け貸し付けも望めない以上、現行制度を前提するかぎり、政府が国債を発行して銀行が政府支出先の預金を作るという形で、市中に出回る貨幣を作るほかない。これは先立つ資金なく私企業への貸し付けで預金が作られるのと同様、**先立つ資金なき預金創造で作られる**ものである。こうして作られた資金で、公共的な財や社会サービスや給付先個人向けの消費財などが生産され、雇用が拡大し、消費需要が波及していく。

すなわち、個人向け貸し付けはマイナーだとして捨象すれば、市中に出回る預金通貨の背後には、銀行の同額の資産として、企業向けの貸し付けと国債があるのである。国債の一部は中央銀行が持って、その換わり私銀行は準備預金を持っているかもしれないが、**究極には貸し付けと国債で貨幣が作られている**。

なぜ国債が1000兆円を超えて膨らんでもインフレも金利高騰も起こらないのかと言えば、人口減少時代になって蓄積需要が低迷して貸し付けが少なくなると、国債がその代わりをしないかぎり国民経済を正常に回す貨幣が不足するからである。課税によって国債を償還すると、納税で公衆の預金が減った分国債が消える。すなわちその分市中から貨幣が消失してしまう。そうすると、総需要が縮小して倒産や失業が生じ、国民経済の正常な再生産が維持できなくなるのである。

なので国民経済の正常な再生産に必要な貨幣を維持するための国債は償還するわけにはいかない。借り換え続けなければならない。国債発行を「借金」ととらえるのは正確ではなく、貨幣発行とみなした方がよい。返済を迫られるような見かけがどうしても心配ならば、中央銀行が私銀行から国債を買い取って、現実的債務性のない準備預金に換えればよい。中央銀行の持つ国債は原則として借り換え続けられ、中央銀行への利払いは政府に納付されるので、**事実上ないものと同じ**になる。あるいは、政府支出に際して、国債を中央銀行が直接引き受けることで、またはいっそのこと、政府が直接に貨幣を発行することで政府支出するならば、事態はいっそう透明に把握できる。

これからの3つの道——あるいは停滞の深化か

かくして、人口減少時代を迎えた今、それに対応して完全雇用を維持する貨幣創造のために社会が取り得る道は3つある。

1つ目は、資本蓄積の十分な復活を図る道である。そうすれば私企業向けの信用創造で完全雇用に必要な貨幣を創造できる。そのためには、労働生産性を上昇させる技術進歩を実現することによって、より少ない雇用でも正常稼働の生産が可能になるようにすればよい。この場合には、労働力人口が減少しても生産手段の蓄積を進めることができる。それができれば、剰余生産物を直接間接に作る労働を相対的に多く確保したままにできる。すなわち、労働者各自の剰余労働負担を相対的に多いままにすること、**搾取が高いまま**にすることである。それは相対的に高い利潤率として現象する。

これはサプライサイド経済政策の提唱する道である。規制緩和や民営化、社会保障の削減、労働組合弱体化政策などによって、競争を激化させ、労働強化を進める方向である。財政規律論はこれを推進するための重要な武器となる。その一方で法人税減税は躊躇なく進める。

過去40年近くにわたって、このような方向の新自由主義政策が進められてきたが、その結果起こったことは、財政緊縮と労働者階級の貧困化による国内市場の低迷であった。市場が低迷すれば頼みの資本蓄積も起こらない。そればかりか更新のための設備投資も起こらない。そうなれば、生産設備は老朽化し、かえって労働生産性の上昇は望めなくなる。仮に労働生産性が上昇しても、市場が低迷する中では雇用がますます抑えられるだけである。おまけに雇用不足と非正規化で少子化が進行して労働力人口減に拍車をかける。

よしんば小泉改革後の上昇期のように、蓄積需要が進展することがあったとしても、[*6]国内消費需要が停滞したままでは、輸出部門の生産手段ばかりが投資されることになる。それは外需の変動に対して脆弱な経済体質をもたらした。

別の道は国債発行などで政府が貨幣を作る道である。うち、現実に支配体制側によって採用されつつあるものは、蓄積に使われない剰余生産のために政府支出することである。すなわち、東京五輪や万博、カジノ、はては軍備のためにこの方途で政府支出することである。これも剰余労働を生み出すので、相対的に高い利潤率として現象する。このような方法で完全雇用が実現された場合、これらの剰余生産のために、消費財や、介護などの社会サービスのための総労働配分は圧迫され、尊厳ある生活のための大衆のニーズはますます満たされないままになるだろう。

そして第3の道が、筆者が提唱する、国債発行などで作った貨幣で、社会サービスの充実や格差の解消などのために政府支出する道である。

もしこれら3つのいずれもとられず、蓄積が停滞したまま、例えば消費税増税で政府債務を返済したならば、もともと完全雇用を維持するのに不十分だった貨幣が、ますます市中から消滅する。その結果は倒産や失業、一層の貧困が持続することだろう。

中には、この状態を前提して、「ワークシェアリング」で失業問題を解決しようという主張があるかもしれない。だが、この間進行した非正規化をともなう雇用の拡大は、ある意味でワークシェアリングだったと言える。労働者各自の入手できる生活物資やサービスが減るもとでの労働時間短縮で雇用を増やすことは、ワークシェアを増やすことにほかならない。

高齢化が進行する中では、介護などの社会サービスに従事するために、ますます多くの労働が割かれなければならない。しかもその確保のために今よりもずっと賃金を上げることが不可避である。ということは、これらの部門の労働者が入手する生活物資やサービスの生産をもっと増やさなければならないということになる。よって、一般消費財を生産する労働者たちは、労働しない高齢者の割合の増大や介護などへの労働配分の増大のために、社会的人員配分が圧迫されるにもかかわらず、労働しない高齢者や介護労働などの従事者の入手する財やサービスを、ますます多く生産しなければならないのである。非自発的な「ワークシェアリング」を強いている余裕はないだろう。

2　社会主義的体制変革論としての反緊縮

2―1　公的に貨幣をつくり投資を社会化

蓄積主導の景気過熱を抑えるには蓄積を抑える

海外の反緊縮経済政策諸論は、不完全雇用でゼロ金利の状況のもとで比べれば、不況から脱却するために提唱する政策は、実践上みな実質的にほとんど変わらない。事実上、通貨当局が出した貨幣で政府支出を拡張することである。[*7] たしかに筆者の場合、「歯止め」としてのインフレ目標を立てることで、「そこまではこの拡張政策がとられる」と公衆が予想してインフレ期待が確定し、実質利子率が低下することで支出が促される効果を認める。なので、こうした効果を認めないMMTとは違い、ニューケインジアン左派の側にある。しかしこれは追加的な賛成理由を認めるか認めないかの違いにすぎず、実践的にはたいした問題ではない。

しかし逆に経済が過熱してインフレ抑制が課題となった条件においては、志向の違いが露わになる。MMTは金利を引き上げて設備投資を減退させる政策の有効性を認めないのに対して、ニューケインジアン左派はこれを志向する。また、MMTは現実の債務貨幣システムを当然視するので、私銀行による信用創造で貨幣が作られること自体を批判する一派のような、私的信用創造の拡大による資本蓄積拡大を敵視する志向は感じられない。[*8] 筆者はこうした点についてMMTとは異なる側にある。

そもそも私銀行による信用創造制度は「貨幣民営システム」である。私的利潤目的のための私的意思決定によって、私有生産手段の蓄積のために、社会的に機能する貨幣が創造されるのである。そのために、社会の正常な再生産が撹乱され、時には破壊される。好況期には、蓄積が拡大するために貸し付けも拡大し、市中への追加的貨幣供給が増えるのでますます好況が加熱する。不況期には、蓄積が減退するために貸し付けも減退し、市中への追加的貨幣供給が減る。それどころか返済が迫られて市中の貨幣ストック自体が減少する。そのためますます不況が深化する。

資本制的生産のもとでの景気の上昇局面は、蓄積需要の拡大に主導される。それゆえ景気が過熱してインフレの抑制が課題となった時には、抑制すべき需要はもっぱら蓄積需要である。人口減少時代にあっては労働力人口は成長しないので、完全雇用下では生産手段のマクロな正味の蓄積はゼロである。労働生産性の上昇を加味してもわずかである。私的生産手段の蓄積のために貨幣を作り出す必要はなくなっているのでこれは抑制すべきである。

貨幣を作って設備投資補助金を通じて投資をコントロール

インフレがスムーズに制御できる制度として、筆者がこれまで何度も提唱してきた仕組み[*9]は次のようなものである。

すなわち、現在よりはるかに充実した福祉、医療、教育、子育て支援、防災、基礎研究、代替エネルギー開発等への財政支出を行う制度を作る。そして、好況時の完全雇用下においてこれらの支出の総需要拡大効果を相殺し、インフレをマイルドな目標率にとどめるだけの十分な総需要減退効果があるような税制を、大企業や富裕層に今よりもはるかに負担をかける形で設計する。すなわち、高率の法人税、累進の強い所得税などである。これは、支出の増分と増税分が若干の収支黒字を出すことを根拠に政治的正当化を図るならそれでもよい。

しかし、不完全雇用の不況下においては、こうした総需要減退をもたらす税負担は、不況を悪化させる。そこで、インフレが目標率に達しない経済停滞の状況では、通貨当局が出した貨幣で企業に対して設備投資補助金や雇用補助金を出し、同様に通貨当局が出した貨幣で居住者全員への一律の給付金を出し、税負担の効果をマクロ的に相殺することにする。

企業にとっては何もしないで重い法人税を取られっぱなしになるよりは、設備投資をした方がましになるので、設備投資が興ってきて景気が拡大する。家計についても、強度な累進課税で消費性向の低い高所得者からたくさん取って、一律に給付することになるので、消費性向の高い低所得者への所得の移転になって、消費需要が拡大し、やはり景気にプラスになる。

これらは、究極の理想としては、中央銀行制度を廃止した政府通貨でなされるのが望ましいが、それが現実的でなければ、政府が国債を中央銀行に直接引き受けさせるのでもよい。それも困難ならば、中央銀行が買いオペする一方で政府が国債を市中消化で発行するのでもよい。いずれも経済学的にはさほど違いはない。

そして、景気の拡大に合わせて、この設備投資・雇用補助金や給付金を縮小していき、物価安定目標のインフレ率を超えた時には、これを停止する。すると、その過程で、累進課税や法人税のビルトインスタビライザーの効果も加わって、大企業や富裕層への（補助金・給付金を差し引いた）ネットでの増税効果がだんだん高まり、総需要、特に設備投資需要が減退することで、インフレが抑制される。

こうして完全雇用の好況時には、低い潜在成長率に等しい資本ストックの成長率になるように、重い法人税などによって資本蓄積が抑制される。その抑制効果が足りない場合にも、並行して金融引き締め策がとられるので、確実にインフレを抑制することができる。

実は、この「設備投資補助金」は、単に重税の効果を打ち消す景気対策というにとどまらない。人によっては、蓄積が停滞する時代を肯定するならば、なぜ補助金で設備投資を興す必要があるのかと問うかもしれない。マクロ的に見た生産手段の蓄積が低い時代になったとしても、更新投資は必要である。また、個々の産業で見れば、社会的ニーズの縮小にあわせて生産手段の規模が縮小する産業がある一方で、社会的ニーズの拡大にあわせて生産手段の規模が拡大する産業もなければならない。個々の設備投資案件は、どこまでが蓄積でどこまでが更新投資か区別がつくわけではない。そもそも労働生産性は上昇するにこしたことはないので、その意味でも更新投資はなされなければならない。

しかしそれだけが目的ではない。法人税重課税やインフレ進行時の信用創造抑制は、マクロ的に資本蓄積の必要性が低下した時代に合わせて、生産手段が私的判断で私的利潤目的の利用のために生産されることを抑制するものである。その代わり、設備投資補助金によって、民意に基づいて民主的に定められたルール――労働条件その他の社会的基準、環境的基準、介護や子育て支援など拡大すべき分野のガイドライン等――に基づいて、設備投資を誘導するわけである。欧米反緊縮派の経済政策論、とくに信用創造批判の政府貨幣論者同様、**投資を社会化する**という社会主義的志向があるのである。

2―2　全体コントロールなき資本制超克はない

全体的調整と現場自治の社会主義二潮流

社会主義思想には当初から二流があった。一方には財産国有化と国家による合理的な全体経済管理を志向するものがあった。伝統的なレーニン主義型の社会主義像はこれを引き継いだものと言えよう。他方には国家の管理によらない、自立した直接的生産者の水平的連合をめざすアソシエーション派の流れがあった。

マルクスの社会主義は、この両者を総合するものとして構想されている。すなわち、直接生産者個人が意のままに生産手段をコントロールできる協同組合的生産というアソシエーション派の志向とともに、全社会的に社会的欲求にあわせた労働配分を意識的計画的に組織するという、全体的経済管理の志向が間違いなくある（エンゲルスは言うにおよばず）。後者の全体的な生産の組織自体が、官僚的なトップダウンではなく、個々人の合意による自由な生産コントロールという意味でアソシエーションの一環だったと思われる。

ソ連型モデルがまだ社会主義論議の中で通用していた時代には、このうち全社会的な生産管理の側面だけが認識されていた。ところがソ連型モデルの権威が失墜して以降、今度は逆に、直接的生産者が生産を民主的にコントロールする事業体を創出する志向の方に社会主義論の重点が移り、全社会的な生産コントロールの志向の方は社会主義論の中からすっかり失われてしまった。しかしマルクスがアナーキストを排撃し、協同組合工場の実践に未来社会の萌芽を見つつも、労働者が政治権力を握り全体的変革をすることなしにはそれは成功しないとみた[*10]のはなぜか。

蓄積決定の社会化なしには労働者管理企業は資本主義企業に変質

労働者管理の事業体とその外部との関係は、今日の需要に明日合わせるようなレベルであれば、市場メカニズムでも、直接の「注文」などの協議でも、ニーズに合わせた生産調整が可能である。しかし、ある分野への社会的ニーズが高いと判断して、その分野の生産設備を増強するとか事業体の数を増やすという時は、話はそう容易ではない。他に転用の効かない耐用期間10年の機械を据え付けるという判断の裏には、その産み出す製品に向う10年需要があるとの予想がある。未来の市場は現在にはないので、資本制的生産ではこの判断は個別資本家の私的予想に基づく。ここに資本制的市場経済の不均衡の根源がある。これを克服するには、耐用期間の間のその分野のニーズについての民意を反映した公的な合意が、設備投資に先立って必要である。

かかる合意なしの蓄積判断は、たとえ当該労働者管理企業の内部的合意によるものだったとしても、他者の労働の搾取をもたらし得る。例えば社会全体で多くの蓄積がなされた結果、一般物価が上がり、蓄積決定をしていない労働者たちも、自分のなした労働よりも少ない労働の産物しか所得から入手できなくなることはあり得る。この場合、彼らは自分が決定に参加していない他企業のための蓄積財の生産のために搾取されたことになる。

さらに、労働者自主管理企業は、さまざまなルートで、資本主義企業同様の階級システムに変質する危険性を持っているのだが、その多くに蓄積の問題が本質的にかかわっている。詳しくは、社会主義理論学会編『資本主義の限界と社会主義』[*11]所収の拙稿「リスクと決定から社会主義を語る」をご覧いただきたい。

例えば、労働者は賃金分配を抑えて企業所得を蓄積にまわすほど、企業規模が拡大して新人労働者が増える。するとその分、自分の労働の成果である生産手段の運用に、一人一票であれば自分の意思の通る確率が低くなる。あらかじめそれが見越されるなら、労働者は蓄積せずに企業所得を全部賃金分配してしまう。そうならないようにするには、年功序列制にして先任者ほど議決権を多く配分するか、会員権方式にして新任者は会員権を買うことで先任者の蓄積に報いることにするかどちらかになる。

年功序列制にした場合は、世代間の所得格差が進み、場合によっては若い世代は途中解雇されるルールが作られるかもしれない。会員権方式は急な生産拡大に対応できないので、非正規雇用を使わざるを得ず、一旦そうなると会員労働者と非正規労働者との間で階級分裂が発生していく。かくしてどちらにしても階級システムに転化する。

では自企業内で設備投資資金を蓄積するのはやめにして、企業所得は全部賃金分配してしまい、設備投資資金は銀行から借りることにしたらどうなるだろう。すぐさま、銀行資本に支配されるただの資本制的生産関係が発生する。銀行も労働者自主管理企業だったとしても、銀行労働者集団が企業労働者集団を支配する階級支配になるだけである。

労働者自主管理企業の問題として伝統的に言われてきたことに、販売価格が上がると従業員数を減らす、販売価格が下がると従業員数を増やすというものもある。[*12] 企業の負債が金額で固定されていると、販売価格が下がって同じ元利払いのために今までよりたくさんの製品を売らなければならなくなると、従業員を増やして生産を増やして一人頭の元利払い負担を減らすのが最適になるということである。この効果が著しければ、価格が高くなると供給が減り、価格が下がると供給が増えることになり、市場調整が逆に働いて不安定になってしまう。これも、設立が容易ならば、価格が高いとその部門でたくさんの労働者が企業を設立し、低くなると逆になるので問題は解決される。やはり設立資金をどうするかという問題になる。

要するに、生産手段が真に共有であると言えるためには、蓄積決定、すなわち所得からどれだけ、何のための生産手段の拡大にまわすかの決定が、私的（分散的・排他的）ではなく、全社会的になされるのでなければならない。[*13] 考えてみれば、『共産党宣言』は信用を労働者国家の手に集中することを掲げ、[*14]『フランスにおける内乱』の序文によせたエンゲルスのパリコミューン総括は「フランス銀行を接収すべきだった」というものだった。[*15]

直接に従業者や利用者が管理する事業体を作り、そのネットワークを広げていくことは、労働運動や各種市民運動によって資本家の判断を変えさせる闘争とあわせ、資本制的生産様式を直接に超える取り組みである。しかしそれらは、全社会的な連関を把握するものでないかぎり、先述のとおり、資本制的変質の不断の圧力を免れることはない。

それゆえ、マルクスやエンゲルスが掲げた、労働者階級が政治権力を握る課題は依然有効である。たしかに、今日の民意反映のテクノロジーでは、商品生産社会を超え、その都度の民意に常時したがってマクロな生産編成を組み直し続けることは、見通せる将来にわたって不可能だろう。しかし、数年ごとの選挙で、ある程度の期間通用するルールとして、労働基準や環境保護基準などと合わせて、インフレ率や雇用水準、社会サービス水準などの目標、生産編成の目標像などを民主的に選ぶことはできる。そしてそれにしたがって、拡張しなくていい分野の生産能力の拡張を、私的信用創造の抑制と税制を通じて抑制し、拡張すべき分野の生産能力の拡張を、貨幣創出の力を使って促進することもできる。こうした公的投資のバックアップのもとにはじめて、従業者や利用者が自主管理する事業体は、資本制的変質を相対的に免れて発展していくことができる。

たとえれば、スペインの絶対王政から独立したオランダ共和国の実態は、その当時の標準的政体であった絶対王政を超えるものではなかった。しかし、オランダのブルジョワ経済の発展にとってスペインの絶対王政からの独立は必要事だったし、実際オランダ共和国体制によってそれが促進されたのは間違いない。労働者階級の反緊縮政権も同様である。それは今日のブルジョワ的なリベラルデモクラシーの水準を超えるものではないが、貨幣を作る力を公的に集中していくことをテコにした生産手段の社会化の道に乗り出すことで、草の根からのアソシエーション的事業の経済が発展していくことを決定的に支える。その意味で、「社会主義体制を目指す」政治体制だと言えるだろう。

3　階級的社会運動と反緊縮政策運動の相互依存関係

ところで、欧米の反緊縮運動が労働運動をはじめとする社会運動に支えられていることは常識に属する。労働者階級の階級闘争に支えられない反緊縮政策が、資本制が大衆にもたらす抑圧や苦しみを解決するものではなく、場合によってはファシズムに転化しかねない危険を持つことも当然である。しかしそれだからこそ、現在十分な階級的社会運動の発展がまだ見られないという理由によって、こうした立場からの反緊縮運動に乗り出す必要から免れるわけではない。なぜなら、長年にわたる緊縮政策と経済停滞で痛めつけられた大衆は、どのような反緊縮であれ、**そこにオプションが一つしかなければそれを選び取る**からである。だから、国際的質を持った労働者の階級闘争の立場からの反緊縮のオプションが示されることなしには、ファシズムにつながりかねない反緊縮運動が大きく力を伸ばす。これは唯物論的な必然である。

そして、労働運動をはじめとする社会運動が、あるべき反緊縮運動の条件になるだけでなく、逆に、現場ののっぴきならない事情に根拠をおいて反緊縮政策を追求する闘いが、社会運動に広がりと結集軸を作り、反緊縮政策が実現されたあきつきには、その政策が社会運動自体を画期的に前進させるという因果方向も忘れてはならない。

過去、緊縮政策のもとで、多くのＮＰＯや協同組合などの社会事業が、安上がりな下請けとして行政に利用されながら、安定的な委託を求めて体制への従属を深めていった。あるいは、これらの非営利事業体が（一部の学校法人なども含め）自活のために、並みの株式会社をしのぐ資本主義企業へと変質していった。[*16] 緊縮政策が続く中で、たくさんの福祉関係者や医療関係者が「財源がない」と内面化して、社会サービスの拡充も大幅賃上げも自ら諦めて、引いた要求をしてしまっている。[*17] 緊縮政策を正当化するための財政破綻論が、被支配階級大衆の間に、貴重な財源をめぐる争いとヘイトを作り出し、社会運動の広がりを阻害する大きな要因となっている。こうした閉塞を打ち破るためには、反緊縮政策のために政治権力を握る課題を避けて通るわけにはいかない。

そのうえ、市場リスクの高い環境では、労働者や利用者が管理する事業体も資本制的なものに変質してしまいやすい。事業決定にリスクが高くなればなるほど、リスク評価は分かれ、民主的な合意は困難になる。そんな時には、自ら出資した個人が、失敗した時の損は全部自分がかぶると言って独断する資本主義的方式のほうが効率的である。

それに競争で対抗させられると、従業者や利用者に形式的に主権のある企業でも、ワンマン経営者の体制が発生したりする。その場合、実質はワンマンが決定しているのに、形式的には機関決定してしまい、出資が戻らないリスクや借金のリスクは集団でシェアさせられるので、資本主義企業よりもかえって悪質である。[*18]

あるいは、ワンマンではなくて民主的だったらだったで、リスクに関する評価は各自まちまちで当然なのに、そこに民主的合意をつけてしまうというのもある意味恐ろしい。カルト的集団主義企業になる恐れがある。

景気が安定して無用な市場リスクが最小化されていてこそ、資本主義的変質の危険も最小化できるのである。

その上、失業がたくさんあると「産業予備軍効果」で、いわゆる「ブラック企業」がはびこり、労働運動は困難になる。それに対抗しようとして、従業者や利用者の管理する企業も「ブラック企業」化する。

逆に、人手不足が進行した環境になれば、資本側はあからさまな強制だけで労働規律を保つことは困難になる。特に非正規化を進めてしまっていたらそうである。何らかの方法で参加感をもたせようとやっきになるが、資本主義的形態のもとではどこまでいっても欺瞞で限界がある。労働者に主権のある事業形態に優位性が生じるのは、このような環境になってこそである。それに、労働市場が逼迫すると、労働組合側の交渉力は強くなる。[*19]

それゆえ、まっとうな完全雇用を維持するための総需要管理政策は、労働者の階級闘争のスムーズな前進のためにも、資本制的生産関係を超えたアソシエーション的生産関係を草の根からスムーズに発展させるためにも、重要なことなのである。

4　信用創造や財政均衡原理の存在合理性とその終焉

4―1　信用創造の存在合理性とその終焉

さて、私銀行の信用創造による債務貨幣システムに対する批判的視点は、反緊縮諸派の中でもニューケインジアン左派やMMTには薄く、ヘリコプター・マネー論や公共貨幣論の論者に強く見られる見解である。特に、デビッド・グレーバーの『負債論』[*20]がバイブル視される運動レベルでは、広く共有されている姿勢のように思われる。

このような議論ではえてして、その代表格エレン・ブラウン『負債の網』[*21]に典型的なように、信用創造システムは昔から根本的に欠陥のあるもので、それを批判する政府貨幣論はあったのに、それが採用されなかったのは、銀行家の陰謀のせいという説明がなされがちである。

だが時代にそぐわないまったく不合理なシステムが持続することはない。これまで信用創造制度が続いてきたことには、何らかの合理性があるはずである。

ここでは、筆者が『ケインズの逆襲 ハイエクの慧眼』[*22]で展開した論理にしたがって、この問題を検討してみよう。この拙著で筆者は、リスクと決定と責任が一致しないとシステムには不具合が生じるということを述べた。

設備投資が旺盛に興ることが社会にとって課題だった時代を考えてみよう。そのような時代には、既知の商品種類や技術の設備投資では足りない。新商品や新技術のための設備投資が起こらなければならない。しかしそれは、社会のニーズに合致したものであるか、本当に生産性が上がるかどうか事前にはわからないリスクがある。

もし設備投資決定者が、例えば国の資金で設備投資して、失敗しても自腹で責任をとらなくていいならば、どんどんとリスクの高いことに手を出してしまうだろう。だから、リスクのある設備投資決定には、その決定者に結果の責任を負わせるのでないといけない。ただ責任を負わせるだけならば、あえてリスクのある決定にのりだす人はいなくなるので、成功したらその成果は決定者に帰属させなければならない。このような条件のもとでは、資本制的な私有財産制度が合理的なものになる。

しかし、これをきっちり実現しようとしたら、みんな事業は自己資金で行い、失敗の責任は一人でかぶるのでないといけない。これではできることの規模に限界がある。19世紀のような繊維産業中心の時代ならそれでよかったかもしれない。だが資本規模がもっと大きい時代になると、設備投資を行う事業家個人に責任を負わせていては、巨額のリスクを引き受ける能力のある人はほとんどいなくなる。そこで銀行が出てくるのである。銀行が信用創造で資金を作って貸し付けるということである。

これを政府が行うと、いくらでもリスクの高いことに資金を出してしまう。さもなくば貸してもらえるかもらえないかが役人の恣意で決まり、それ自体が民間人にとってリスクになる。それは腐敗の温床になる。

それに対して私銀行の場合は、銀行家の私的判断で融資決定すればよい。企業側がその判断を気に入らなければ、別の銀行をあたればいい。そして銀行の融資決定が間違っていたならば、破産などで返済されないことによって、その銀行が責任をかぶる。こうして、設備投資が巨額になった時代においても、リスク、決定、責任の一致を可能な限り実現して、設備投資が旺盛に興ってくることを支える仕組みが信用創造システムだったと言える。

ところが今や既述のとおり、人口減少時代になって、旺盛な資本蓄積がマクロ的に興る時代ではなくなっている。そうすると、せっかく私銀行が私的利潤のために貨幣を作れる仕組みをもっているのに、設備投資のために資金を借りにきてくれないことになる。

そこでこの仕組みが投機のために使われることになる。[*23] 銀行が信用創造で貨幣を作ってそれを例えば不動産投機に貸し付ける。すると貨幣が増えて不動産需要にまわるのだから不動産価格が上昇する。すると不動産投機が儲かるようになってそのための資金需要が増え、銀行はますます貸し付けを増やす。そうするとそれで増えた貨幣がまた不動産市場に流れ込み……と、このプロセスが進行してバブルが膨らんでいくことになる。

ところが一旦バブルが弾けると、このプロセスは逆にまわり、どんどん世の中の貨幣が縮小していく。すると財やサービスへの需要もその巻き添えをくって総需要が減退し、経済は不況の底へと落ちていくことになる。

かつて設備投資が旺盛な時代にも景気循環にともなってリスクが連動していた側面はあった。だが他方で、銀行が融資した個々のプロジェクトの間ではリスクが相殺されて、どれかがダメでも別のもので埋め合わせがきき、リスクは全体としては管理可能な範囲に入っていた。

しかし投機はそうではない。個々の投資案件の間のリスクは大きく連動している。なので、儲かる時はどれも大きく儲かるが、ダメになる時は一斉に大きくダメになる。これは個々の銀行の負える責任を超え、放置すれば倒産が相次ぐことになるが、そうすると国民経済へのダメージが大きすぎるため、結局政府が救済せざるを得なくなる。

こうやって結局責任をある程度国に転嫁できることは最初から読めることである。しかも、投機の決定をしている個々のディーラーは、自分では自腹を切ることなく、転職して高給を取り続けることもできる。それゆえ、どんどんとリスクの高い投機の決定を行ってしまうことは必然だと言える。

つまり、過去には、リスク、決定、責任をできるだけ一致させて設備投資を興していくためのうまい仕組みだったものが、今やリスク、決定、責任を乖離させる仕組みになってしまったわけである。そこで今やこの仕組みをやめて、別のやり方に変えることが議題にのぼる時代になったのだと言えよう。

もちろん、これからもリスクの高い画期的な新商品の開発、未知の新技術の導入などは興り続けるだろうが、私見ではそれは、個々人が出資として、返ってこないリスクを自己責任で引き受けて支えるようになるのがよいだろう。情報技術の発達は、これを容易にするだろう。マクロ的に利潤率がゼロ近傍なのが自然な時代になったとしても、このような個々の事業をとってみれば、イノベーションが陳腐化しない間、格別に高い率の利潤を上げ続けることは、これからもあるだろうし、それは正常なことである。

4―2　財政均衡原則の存在合理性とその終焉

ところで、財政均衡原則と中央銀行の独立については、信用創造に批判的な政府貨幣論者のみならず、ニューケインジアン左派もMMTも、およそ反緊縮派の経済論は共通して批判的である。しかしこれも、旧来はこうしたシステムが合理的だった条件があったとみなすべきである。

本質的に必要なことは、総所得も総需要も過少で非自発的失業が生じている時には、政府が貨幣を作って政府支出して総需要を拡大し、逆に、総所得も総需要も過大で放置するとインフレが進行する時には、政府が政府支出の削減や増税で貨幣を吸収して総需要を抑制し、長期的には過度な失業もインフレもない正常な再生産を維持することである。何をもって正常な失業率やインフレ率とみなすかということについては階級的利害などで対立はあるが、ある程度の幅の中には収まる。

昔のように、統計技術が発達しておらずインフレ率をリアルタイムに把握できない時代では、直接にインフレ率を見ながら政府支出や税制を調整することは困難である。政策効果を予想し、結果をフィードバックすることも難しかっただろう。

だが、かつての私的信用創造をテコに私的資本蓄積が旺盛になされた時代には、蓄積需要の累積的拡大が主導する総需要の拡大局面と、その逆が累積する総需要の縮小局面が交互に繰り返された。こうした時代には、不況期に税収以上に支出して作った負債を、好況期に支出以上に税収を作って返済することで、長期的に財政収支が均衡するようにしておけば、不況期には景気が拡大し、好況期にはインフレが抑制されて、概ね経済は正常な再生産の幅の中に収まることになる。

この場合、政府は把握困難なマクロ経済指標に思い煩うことなく、ただ財政収支均衡の長期的実現を気にしていればいい。景気循環を通じた、財政の黒字赤字の長期均衡と、総需要の過大過少の長期平均的相殺は、多少はズレるかもしれない。しかしそのズレは、別途、中央銀行が金融政策で蓄積需要に影響を与えることで補正できる。――旧来のシステムはこのように合理化されて解釈できる。

それに対して現在は、蓄積需要が旺盛に興らず、市場に任せていたならば、総需要が過少で完全雇用が維持できない局面がメジャーになり、蓄積需要の累積的拡大が総需要の過大をもたらす局面は例外的になっている。このような時代には、総需要の過大過少の長期平均的相殺と財政収支の長期均衡は必然的に大きくズレる。財政収支の長期均衡にこだわっては、景気循環を通じた経済の長期平均は非自発的失業を出す不況傾向がメインになってしまう。

こうした場合には、総需要の過大過少を均す方をこそ優先して、正常な再生産を長期平均的に維持すべきだということになる。今日の統計技術があればそれは可能である。この場合、財政赤字の期間が多くなり、長期的な財政収支均衡は実現できないかもしれないが、そのこと自体は問題ではないということである。「国の借金」という形式が問題ならば、不況時の財政赤字は、公的な貨幣発行でまかなう形式にすればよい。

注

＊1　以上の叙述の概要については、置塩信雄『経済学はいま何を考えているか』（大月書店、１９９３年）１６１～１６３ページ。

＊2　ケインズは『雇用・利子および貨幣の一般理論』第16章第3節で、当時のイギリスに蓄積された富のもとでは資本の限界効率は利子率より低下して政府介入なしでは完全雇用が実現できなくなるとし、第4

節では資本の限界効率は近々ゼロになって準定常社会が来るとみなしている。そうなることは、「資本主義の好ましくない特徴の多くを除去する最も賢明な方法」とされている。ケインズ政策はかかる状況のもとで完全雇用を実現するために提唱されたものである。

＊3　置塩信雄『蓄積論』第2版（筑摩書房、1976年）第2章、特に147～150ページ。

＊4　マルクス『賃金・価格・利潤』（*MEW*. Bd.16）、マルクス『資本論』第2巻（*MEW*. Bd.24, s.340-342）で説明されている事態はこれにあたる。

＊5　価格比と投下労働価値の比が乖離するならば厳密に総雇用が不変というわけではない。

＊6　筆者は2008年のリーマンショック前に出版した拙著『「はだかの王様」の経済学――現代人のためのマルクス再入門』の前書きにおいて、当時の景気拡大が（消費停滞下の）設備投資主導であることを批判したところ、景気拡大派の論者から、景気拡大を批判するタイプの脱成長論と同一視して批判する書評を受けて面食らったことがある。他方では、後年『POSSE』誌のvol.28（堀之内出版、2015年）の対談で筆者は、消費・政府支出停滞下、本来不要な設備投資の主導という、望ましくない景気回復がなされた挙句、その結果、安倍政権が世論の支持を受ける危険を警告しているのに対して、宮田惟史が景気拡大策を否定する立場から、設備投資の必要性が乏しくて興らないという批判をしており、論点がすれ違っている。

＊7　MMTのビル・ミッチェルに筆者が質問した回答によれば、MMTは本来国債を出さずに赤字財政支出する（支出先の預金に支払い代金が振り込まれ、その銀行の準備預金が同額増える）ことを望むが、国債発行が要請される制約のもとでは、市中に発行された国債が民間主体に保有されたままになるよりは、

中央銀行が買い取る方がよいとされている。それがニューケインジアンと同じ理由ではないことは強調されており、しかも後者は前者のような民間主体への利子支払いはないが、国債買取時のキャピタルゲインは将来得られる利子の現在価値に等しいので、両者はその点では差異はないとされる。しかし、後者はゼロ短期金利を維持できるが、前者はそれが困難であり、長期金利が上がって限界的業者の支出をくじく恐れがあると認めている。

Bill Mitchell, *Modern Monetary Theory: Macroeconomic research, teaching and advocacy*（個人ブログ）. "Q&A Japan style – Part 5b," December 5, 2019.

＊8　ランダル・レイは『MMT現代貨幣理論入門』（鈴木正徳訳、東洋経済新報社、2019年）で、民間信用創造廃止論や政府貨幣論について、「共感するところはある」（47ページ）と述べた上で否定しているので、信用創造への批判的感情がまったくないというわけではないだろうが。

＊9　ブレイディみかこ、北田暁大との共著『そろそろ左派は〈経済〉を語ろう』（亜紀書房、2018年）180〜181ページなど。

＊10　例えばマルクスの起草に基づき、1866年の第一インターナショナル・ジュネーブ大会で採択された決議のうち、協同組合労働に関する部分の(b)。*MEW*. Bd.16, s. 195.

＊11　時潮社、2012年。

＊12　「イリリア企業」と呼ばれる理論モデルの分析から導出される性質である。松本直樹『労働者管理企業の経済分析』（勁草書房、2000年）第1章。

＊13　置塩信雄は、自己の社会主義論の中で、少なくとも「社会の全構成員が享受する最低の生活水準、剰

余労働率…、剰余生産物の使途の大綱」は、社会成員全員の直接の決定によるべきだとし、「マクロ・バランス、通貨供給総計など少数の決定項目」は、全構成員から周期的に選挙された代表者が一元的に決定するべきだとしている。

＊14 *MEW.* Bd.4, s.481.

＊15 *MEW.* Bd.17, s.622.

＊16 今野晴貴、藤田孝典編『闘わなければ社会は壊れる――〈対決と創造〉の労働・福祉運動論』（岩波書店、2019年）でも、渡辺寛人（第2章）が貧困問題系の事業体についてこうした変質について批判的に指摘している。次注の藤田孝典の章でもそれが指摘されている。わかっているのではないか。

＊17 やはり前掲書で藤田孝典（第1章）が、「公助」領域を不足させる現行のマクロ政策の枠内でミクロレベルで実践する福祉関係者が、結果的に既存の社会構造を維持し、いろいろな抑圧に加担してしまうことを批判的に指摘している。わかっているのではないか。

＊18 このあたりのことは、拙著『新しい左翼入門――相克の運動史は超えられるか』（講談社、2012年）第三部で論じた。

＊19 今野晴貴、藤田孝典編前掲書第4章で、今野は、企業別を脱した職種的な労働運動が、人手不足下の人材確保競争状況を交渉力の源泉とする事例を肯定的にあげている。わかっているのではないか。

＊20 酒井隆史監訳、以文社、2016年。同書訳者あとがきからもわかるとおり、グレーバーはオキュパイ運動の当初からのリーダーで、「我々は99％だ」のスローガンの作者だと言う。そうした背景で同書は欧米でベストセラーになっている。

＊21　早川健治訳、那須里山舎、２０１９年。

＊22　ＰＨＰ研究所、２０１４年。

＊23　実物投資機会が乏しくなったために、信用創造の仕組みが投機に向かうようになったとの批判は、アデア・ターナー『債務、さもなくば悪魔』（高遠裕子訳、日経ＢＰ社、２０１６年）など。

この章は、２０２０年４月に経済理論学会の学会誌『季刊経済理論』の第57巻第１号に掲載された拙稿、「反緊縮経済政策理論の体制変革展望」を、些少な補正の上、再掲したものである。

第4章補論① 「ぬるま湯」の世の中こそ目指すべきだ

1　マクロ経済政策には需要サイドと供給サイドの2種類がある

マクロ経済政策には2種類あります。1つは、国全体の生産能力を高めようという供給サイドの政策。もう1つは、その与えられた供給能力がちょうどいい具合に使われるように景気をコントロールしようという需要サイドの政策です。後者の場合、特に重視されるのは、失業者が出ないように雇用を増やすことです。

2　労働者側の左派政策は需要サイドの拡大策

欧米では伝統的に、雇用を重視する労働組合の支援を受けた左派が、後者の、需要サイドの経済政策を提唱してきました。左派のサイドでも一時、90年代ぐらいから、イギリスのブレア労働党政権に代表される「第三の道」などと称する、新自由主義者と違いがなくなった勢力が、いわゆる「ワークフェア」など、供給サイドに偏った政策を展開してきましたが、近年そのことが批判され、イギリスのコービン派やアメリカのサンダース派などはまた総需要拡大政策を語るようになっています。

3 新自由主義は供給サイドの成長策

それに対して、供給サイドの経済政策を主張してきたのが新自由主義でした。失業が生まれるのは規制や労働組合のせいで賃金が下がらないためであって、賃金が市場の働きにしたがってスムーズに下がれば失業はなくなり、国全体の生産能力は適切に活用されるようになる。よって、総需要拡大政策の必要はなく、政府は生産能力が高まるような政策をとるべきである。このように言って、規制緩和や民営化を進めてきたわけです。

国は需要サイドの政策からは手を引くべきだとして、財政削減と金融引き締めを断行することで総需要を停滞させて、たくさんの失業者を出して労働者を大人しくさせ、賃金を押さえ込みました。

そして、財政支出は漫然と総需要全体の拡大のために使うのではなくて、生産性を高める目的に集中して出せと言います。

3　需要拡大政策を経済成長主義呼ばわりする日本の左派に見られる傾向

これまでよく私は、日本の左派が世界の左派の潮流とは逆に、総需要拡大政策に背を向けがちだったことを嘆いてきました。

国全体の与えられた生産能力の中で雇用を増やすための景気拡大策（＝総需要拡大政策）と、国全体の生産能力自体を拡大させる成長政策とを混同する脱成長論者から、総需要拡大策を唱える私は、しばしば経済成長主義者呼ばわりされて批判されてきました。

最初私は、これは、単なる経済理論に対する無理解のせいだと思っていました。

しかし、だんだんそういうレベルのことではないことに気づいてきました。

4　脱成長論を唱えながら供給能力の成長策に親和的

私は、これまで述べたとおり、日本が人口減少で長期的に生産設備を拡大できなくなり、**設備投資が停滞するようになった現実を受け入れて、**その場合にも世の中に十分な購買力が出回って、雇用や自営業者の生業が維持できるようにということで持論を提唱しているわけです。だから、**供給サイドという意味では、経済成長主義とは真逆**の立場なのです。

ところが、これを説明すれば、脱成長論的リベラルの誤解が解けて理解されるようになると思い

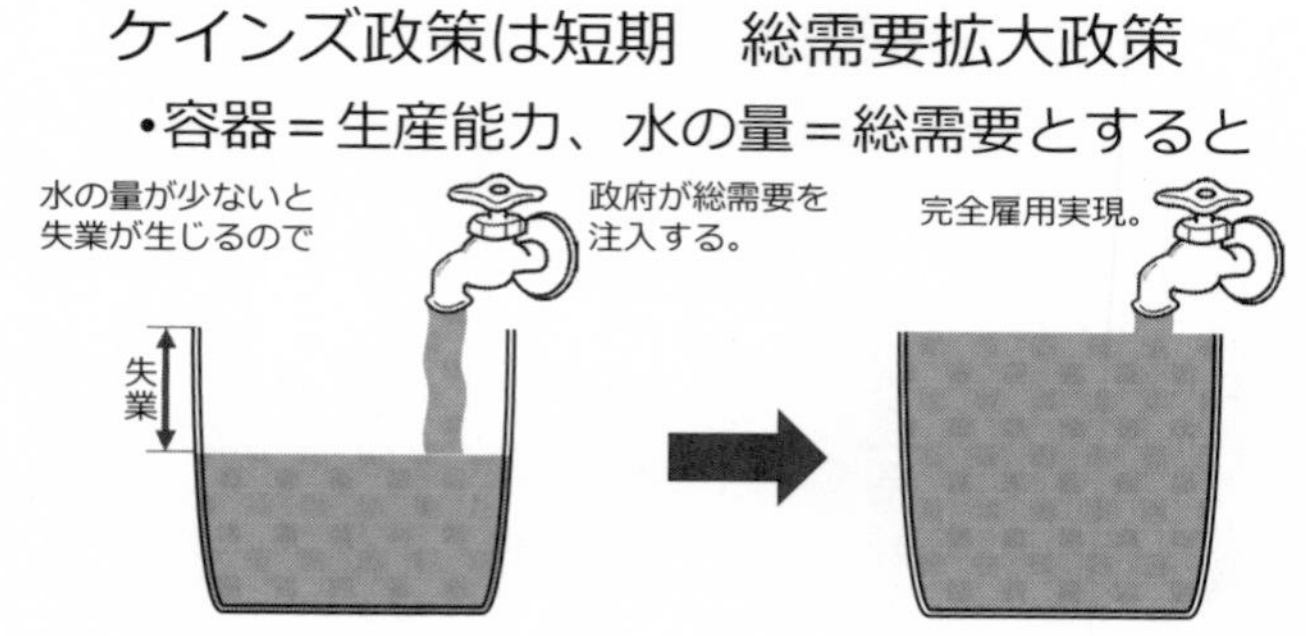
ケインズ政策は短期　総需要拡大政策
•容器＝生産能力、水の量＝総需要とすると
水の量が少ないと
失業が生じるので
政府が総需要を
注入する。
完全雇用実現。
失業

蛇口のフリーイラスト http://www.sharots.com/sozai/etc.html

図1　受容サイドの拡大策

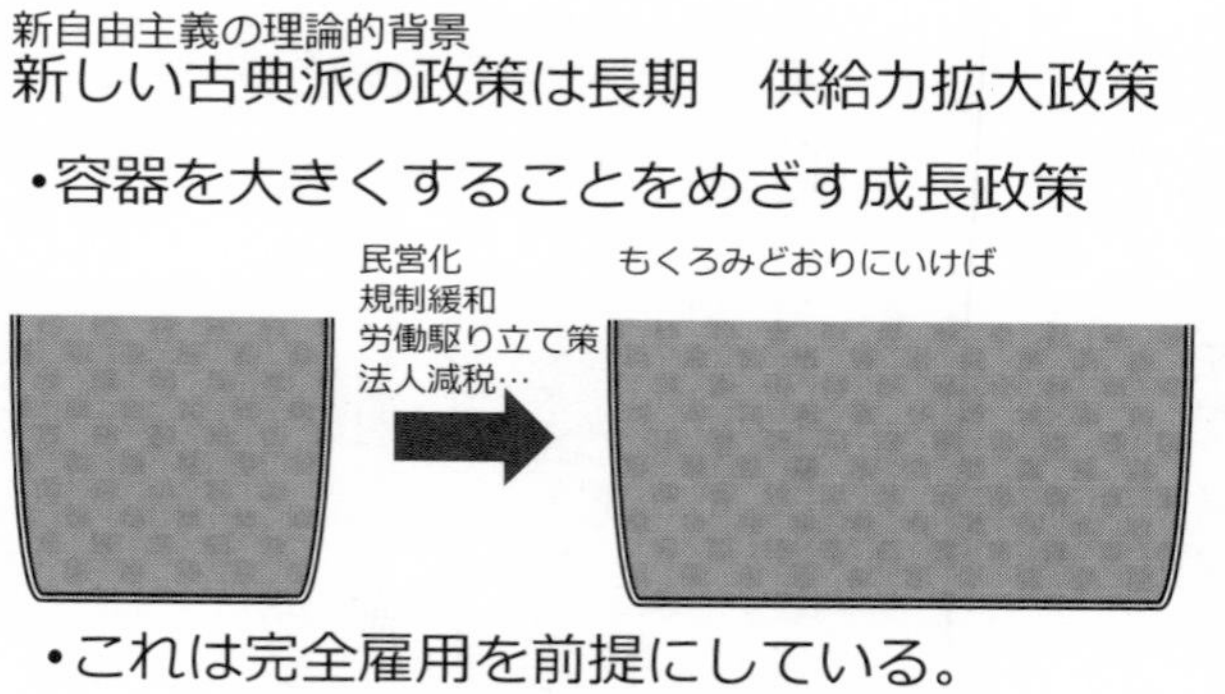
新自由主義の理論的背景
新しい古典派の政策は長期　供給力拡大政策
•容器を大きくすることをめざす成長政策
民営化
規制緩和
労働駆り立て策
法人減税…
もくろみどおりにいけば
•これは完全雇用を前提にしている。

図2　供給サイドの拡大策

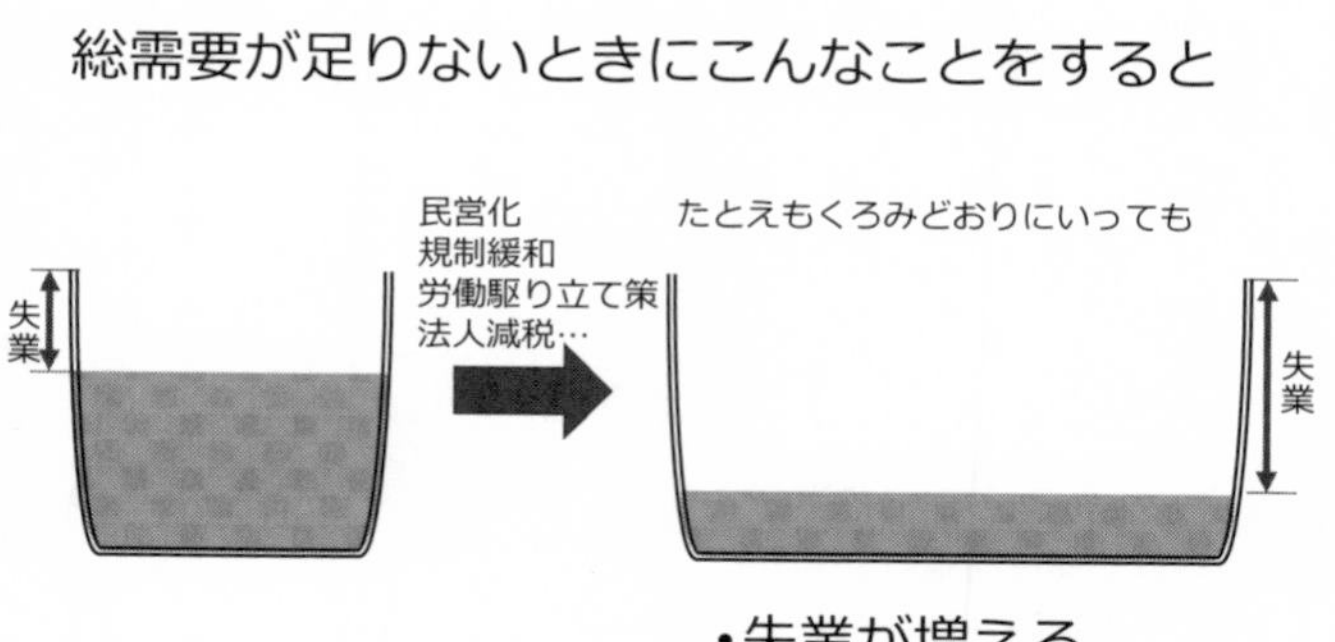
総需要が足りないときにこんなことをすると
失業
民営化
規制緩和
労働駆り立て策
法人減税…
たとえもくろみどおりにいっても
失業
•失業が増える。

図3　需要不足で供給力を増やせば失業が増える

きや、そうではなかったのです！

脱成長論的なリベラルは、私が供給サイドについては日本の生産能力が拡大しないことを受け入れていることも、かえって気に入らないようなのです。むしろ、**脱成長論へのシンパシーがあるくせに、供給サイドの生産能力の成長を求める議論にはかえって親和的**だったりするのです。

5　新自由主義側政府ブレーンと同じことを言うリベラル・左派の論調

曰く、かつてジャパン・アズ・ナンバーワンと言われた日本の企業は、今や凋落して稼ぐ力を失い、海外の企業に負けてしまっている。旧来型産業からの構造転換ができないでいる。イノベーションしないで生産性が上がらず、ゾンビ企業になっている。ＧＡＦＡのような企業が生み出される国を目指せ。漫然と総需要一般の拡大のために財政を費やしてはいけない……等々、これらの、供給サイドの能力拡大を主張する言説は、典型的な新自由主義者の主張で、**政府ブレーンになっている新自由主義側の経済学者が口をそろえて主張していること**ですが、全く同じことをリベラル側の論客が口にして、リベラルや左派の側の人々の間に共有されているという空恐ろしい現実があるようなのです。

もちろん、その結果進められることは、中小企業や個人事業の淘汰、労働者間の技能・資格取得競争、リストラ、国際競争への駆り立て等々、新自由主義のいっそうの推進です。

6　日本の左派における儒教倫理的ストイシズムの影響のやばさ

もし儒教倫理的なストイシズムやガンバリズム、お金は汚いという感覚などがこの根底にあって、そこから反資本主義的な心情を持った人たちが左派になっているという現実が日本にあったとしたら、問題は根深いことになります。小泉改革や橋下フィーバーを支えて新自由主義改革を推進させた大衆の心情も、決して自分がこの流れに乗じて利己的に大儲けしてやろうという邪な動機なのではなく、同様の儒教倫理的心情だったと思われるからです。どちらがこの倫理にかなっているかで競うかぎり、結局、新自由主義は推進されます。

反緊縮を受け入れないぐらいならともかく、供給サイドの生産性論という点でも新自由主義同様の議論がリベラルや左派の側に受け入れられている現実を見ると、本当にそんな気がしてきます。

もっとやばいのは、新自由主義の犠牲になり続け、もうこれ以上ガンバるのも切り詰めるのもうんざりになっている数多くの庶民が、儒教的ストイシズムを振り回すウザい存在が「サヨク」だと感じて、それへの反発から極右に走ることです。

7　普通の庶民がまじめに生きていて報われる世の中が「ぬるま湯」ならどこが悪い

卓越した技能も、不屈の根性も、斬新なアイデア力もないごく普通の庶民が、ただ誠実に働くだけで、誰もが簡単に雇用や生業を得て、まっとうな所得で安心できる人生をおくることができる、そんな世の中は、技能取得やイノベーションに誰もが無理やり駆り立てられる世の中とは対極にあります。

ギリギリ経営を維持している零細店でも低金利で資金が借りられる状態。普通にお天道様に恥じない仕事をしてきた人たちが誰でも安心してその仕事を続けられるような景気を作る財政支出状態。まじめに商売をしてきた人たちが、海外競合品に脅かされず、納入先が突然海外に出ていかないような適度な円安状態。それが「ぬるま湯」と言うなら、**「ぬるま湯上等」**です。**世界中でぬるま湯になれば文句は言えまい。**左派たるものそれを批判的に見てはなりません。

好景気が持続して人手不足が常態化したならば、労働生産性を上昇させる技術進歩は自然に興ってきます。不況で倒産したり、失敗したら路頭に迷ったりする心配をしなくてもすむ景気状態が維持されてこそ、闊達な新規事業やイノベーションがおのずと湧き興ってきます。そうなってこそ、それらはそれぞれ、変わらぬ長年の仕事でご近所の信頼を得ることと優劣ない、自由な個性の発揮です。「お上」が音頭をとって、お金と権力で押し付けるべきものではありません。

この補論は、２０２３年2月14日にｎｏｔｅに投稿した拙記事を、冒頭部分を削って、残りを体裁を整えるための補正の上、そのまま再掲したものである。

第4章補論② それは愚民観か「人民なめるな」かの政治判断だ！

1 政府が直接国の生産能力を制約として行動できることを否定できる経済学者はいない

反緊縮の経済学の考え方は、私見では、経済学にとってそれほど大きな大転換ではありません。むしろ経済学にとって常識とも言えると思います。

少なくとも、〝マクロな存在である政府は、ミクロな存在である各企業や各家計と異なり、予算制約に服さなければならない存在ではなくて、直接に「国全体の生産能力」を制約として行動できる存在である〟とする見解自体は、**まともな経済学者ならば誰も否定できない当たり前のことだ**と思います。

新自由主義のバックになっている新古典派の経済学では、市場均衡においては、国全体の生産能力がフルに利用されているところで、政府の予算制約も民間の予算制約も成り立つということになっています。

この場合には、政府も民間人同様に予算制約に服して行動していればいいということになります。

他方、ケインズ理論によれば、政府や民間の予算制約が、国全体の生産能力の制約の内部を通り、均衡において全般的な失業や遊休を出してしまうということはあり得ます。

この場合には政府は所与の予算制約に服す必要はなく、国全体の生産能力をこそ制約として行動して、失業を解消すればよい。これも、多少ともケインズ理論を受け入れている経済学者なら誰も否定しないことだと思います。

とはいえ、新古典派の人たちでも、政府が国全体の生産能力を制約として行動できること自体は否定しないと思います。

逆に言えば、国全体の生産能力を制約とせずに政府が支出を続けたら、たとえ貨幣が労働生産物の金《きん》でも、たとえ政府の予算制約を守っても、インフレになるだろうということも、どんな経済学者も言うことだと思います（生産が追いついていない財やサービスを生産している労働を、政府が引き抜いて金鉱に投入して金の生産を増やして支出にあてたらどうなるか?）。

余談ですが、拙論にいただいたご論評の中では、日本政府のバランスシートでは負債よりも資産が超過しているから財政は健全とする主張を、私がしているように読めるものがありますが、私はこのように言う人の足をひっぱるつもりは全くないのですが、私自身はこういう言い方はしません。どんなイザという時だとしても、国の資産を民間に売ることにはもともと反対だからです。
しかも需要超過でインフレになっている時期に、国の資産を売ったお金で政府支出にあてたとしたら、民間で資産運用にあてられていたお金を、財やサービスの購入用にまわすのですから、やっぱりインフレを悪化させます。**政府の予算制約を満たしているかどうかは関係ない**のです（インフレを悪化させないとすると、国の資産を外国に売却し、その外貨で輸入によって政府が財を調達する場合です）。

2 「神話」が必要だと言う主流派経済学の帝王

戦後のアメリカ経済学界に君臨した主流派経済学最大の大物、ノーベル経済学賞が彼のために作られたと噂され、『経済学』という世界的ベストセラー教科書が生前19版に至ったポール・サミュエルソンは、マーク・ブローグという人が制作したケインズに関するドキュメンタリーテレビのインタビューの中で、財政均衡の考え方を「迷信」、「神話」と称して、次のように言っています。MMTのランダル・レイさんの教科書の邦訳から孫引きします。

財政が常に均衡しなければならないという迷信（が必要だという考え方）には一片の真理が含まれていると思います。それが迷信だとばれてしまうと、（そのことが）すべての社会が制御不能な支出に対して備えていなければならない防波堤の一つを取り除いてしまいます。資源の配分には規律が必要であり、さもなければ無政府主義的な混乱と非効率に陥ってしまうでしょう。そして、昔ながらの宗教の機能の一つは、時に神話と見なされるかもしれないものによって人々を怖がらせ、長い間続いてきた文化が要求するやり方に沿った行動を取らせることなのです。我々は、毎年でないとしても短い期間ごとには財政を均衡させることの本来の必要性を信じなくなりました。もし英国のウイリアム・グラッドストン首相が生き返ったらば、「いったい何てことをしてくれたんだ」と言うだろうし、ジェームズ・ブキャナンも同じように言うでしょう。私は、この考え方には利点があると言わざるを得ません。*

つまり、マクロで公的な存在である政府にとっては財政均衡の制約は本来は必要ではないのに、あたかもそのような制約があるかのように観念させる制度にしているのは、愚民にはそんなふうに信じさせておかないと、無制限に財政支出してしまってムチャクチャになるからだというわけです。ブルジョワ経済学の帝王としては、実にふさわしい見解です。

たとえていえば、戦前の日本のエリートたちも、自分で本気で皇国史観やイエ制度の合理的根拠を信じていたわけではないでしょう。愚民にはそんなことを信じさせておかないと、世の中がムチャクチャになると本気で思っていたのだと思います（そしてその結果、かえって世の中がムチャクチャになって国が滅びたわけです）。

あるいは、普通選挙権が認められる前の政治エリートも、選挙で民意を反映して政治をしたら、大衆の近視眼的な要求で世の中がムチャクチャになると本気で心配していたのだろうと思います。
サミュエルソンが言っていることも、これらのエリートと言っていることと同じです。

3　財政均衡の「神話」の必要論は政治判断、それに対しては政治判断が対置されるべきだ

サミュエルソンが言うような懸念に対しては、もちろん、私は本章で述べてきたような制度的な工夫による応答はしているところです。

しかし究極においては、それが問題なのではないと思います。

仮に、普通選挙制度の是非が政治論議になっている国において、普通選挙を実現したら政治が混乱して国が潰れかねないことが、例えば、アンケートなり実験なり頭に電極をつっこんだ研究なりで客観的に証拠づけられたとしましょう。

だからといって、それが普通選挙を要求する側にとって、自分達の主張をあきらめる根拠になるでしょうか？

それでも民衆の側に立つ者は、普通選挙の要求をやめないはずです。その根拠は結局は「人民なめるな」という政治判断に行き着きます。

サミュエルソンのような財政均衡論の神話の効用を説く者に対して私たちの側の者が対置すべきものも、やはり究極には政治判断なのだと思います。

サミュエルソンの愚民観も、どれだけ証拠めいたものを集めようが結局は政治判断です。現代の主流派経済学者だって、政府が財政制約ではなくて国の生産能力を制約にして行動できる存在であることを認めない者がいるはずがないし、人口停滞下で技術進歩がなければ設備投資が停滞し、そのまま政府が財政制約を守ると失業が生じてデフレになることを否定する者も少数でしょう。

しかしそこから、生産性上昇策と財政均衡回復を結論するのは、いかに客観的装いを取っていても、その本質は、**労働者からの搾取と資本蓄積の自己目的的な永続のためには、わがままで愚かな大衆に財政均衡の神話を信じさせなければならないとする階級的政治判断**なのです。

それゆえ私たちがこれに対置しなければならないのも、「人民なめるな」という政治判断なのです。

注

＊　レイ『ＭＭＴ現代貨幣理論入門』島倉・鈴木訳、３７６頁

この補論は、２０２３年2月15日にｎｏｔｅに投稿した拙記事を、冒頭部分を削って、残りを体裁を整えるための補正の上、そのまま再掲したものである。サミュエルソンの発言を教示してくれた大学院ゼミ出席の学生に感謝する。

第5章　「資本制＝物象の支配」を変革するためのものとしての民主主義

はじめに

本書では、資本制的生産様式と親和的な国家体制が、民主主義であるかどうかを検討する。先に結論を述べる。資本制的生産様式に整合的に照応する国家体制は、誰によっても左右できない物象国家であって、人民が国家をコントロールできる民主主義ではない。民主主義は、資本制によって歪曲されながらこの物象国家において長期傾向的に実現される普遍性を、万人のコントロールのもとに救い出すために必要となる。すなわち、資本制を変革する原理として意味を持つ。

本稿は次のように構成される。最初の3節では、19世紀中葉の英国で典型的なブルジョワ国家の本質の物象性を、3つの同様の理論を概観して確認する。1節では拙著『近代の復権』の整理によるマルクスの社会システム図式にあてはめて、2節ではパシュカーニス＝藤田勇＝藤田暁男の国家論から、3節ではハイエクの国家論からそれを確認する。

4節では、そのような人為によらない物象国家が、19世紀末から一部の人為でコントロールされる国家に転換したことを論じる。たしかに先進国では普通選挙が導入されて民主主義が一部実現したが、それは一部の人為が動かす行政国家の側面の増大と、なおコアに残る物象の支配によって、双方から制約された。後者の典型例が中央銀行である。

5節では、20世紀末からまたもや、人為によらない物象国家への再移行が起こったことを、典型例としての香港とEUに触れつつ論じる。

6節では、現在世界的に起こる物象国家への反発が向かう2つの道について論じる。すなわち一方は、またも一部の人為が動かす国家への高次元での逆行であり、右派ポピュリズムやメインストリームの国家的資源動員志向の潮流が目指す道である。他方は、当面マクロレベルでは一旦物象を立てつつも、それを民主主義的にコントロールすることで資本制的生産様式の超克を図る道である。そのためには物象に残された聖域であった中央銀行の民主的コントロールが鍵となる。これが欧米左派ポピュリズムが目指している道だと言える。

1　長期平均的に貫く物象としてのブルジョワ国家

1―1　「特殊・人為」↓「普遍・物象」↓「普遍・人為」というマルクスの図式

２００１年出版の拙著『近代の復権』の第1章で、マルクスのブルジョワ国家観を検討した。まずその議論を紹介する。

そこでは、マルクスの価格論、国家論、機械論が、相同の図式でできていることを示した。その図式を一般的に表すと図1左図のような、「特殊・人為」「普遍・物象」「普遍・人為」の3項弁証法となる。ただし「普遍・物象」は直接には現象せず、「特殊・人為」による歪曲を通じて現象するという図式になる。

すなわち、前近代では、あれこれの、全体からすれば一部の特殊な人為で意図的にコントロールされた。それが、近代ブルジョワ社会になると、短期的にはやはり、あれこれの特殊な人為で意図的にコントロールされるが、その偏差は逆の偏差によって相殺されて、長期平均的にみれば、誰の人為によるコントロールも効かない「普遍」的物象が貫く。

この物象は、人為が効かないがゆえに、万人の具体的事情に合致した真の普遍からはズレるが、当初はこれによって世界の普遍化が進む。しかし、やがて特殊な人為による短期的な偏差が大きくなり、普遍の実現の困難さが増してくる。そこで、未来社会では、近代ブルジョワ社会の長期傾向によって発展させられた「普遍」を、特殊な人為による歪曲から救い、万人の具体的事情をふまえ

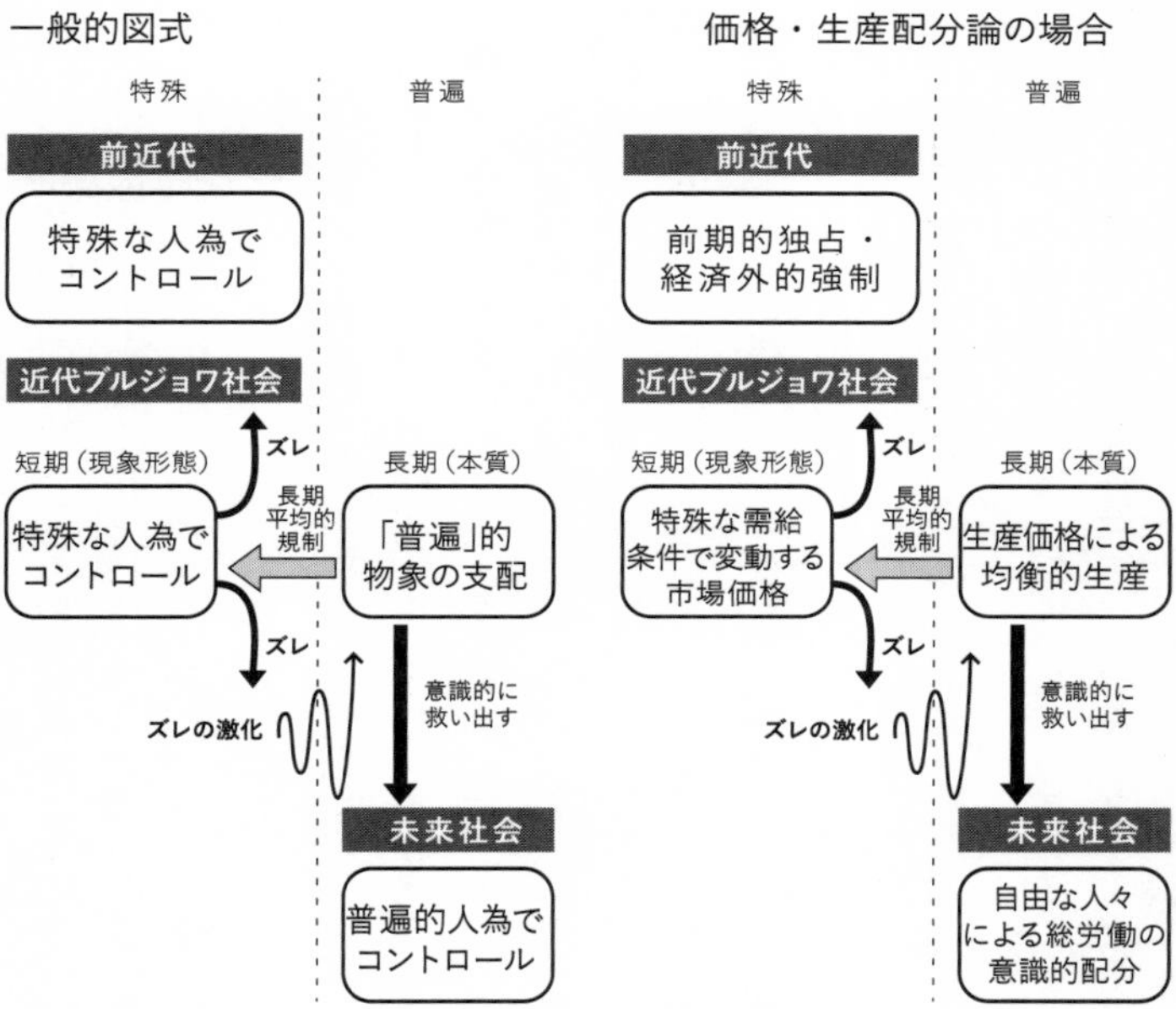

図１　マルクスの社会システム変遷認識

た意識的コントロールのもとにおくことによって真の普遍を実現する。

1―2　価格・生産配分論の場合

この図式は、価格や生産配分の例であてはめて見るとわかりやすい。それを示したのが図1右図である。前近代では、特権商人や特許会社のような一部の前期的独占や、少数の統治者の人為で価格は意図的にコントロールされた。あるいはいわゆる「経済外的強制」のような少数者の意図的コントロールで労働の社会的配分がなされた。

それが近代ブルジョワ社会になるとどうなるか。短期的にはやはり、需給関係などのあれこれの部門の特殊事情や新技術・新商品の開発などの一部の人為によって市場価格は上下する。しかし、ある部門が別の部門に比べて格別価格が高くて儲かる状態は、景気のフェーズが変わって、別の部門がその部門に比べて格別価格が高くて儲かる状態によって相殺される。そうした景気循環を通じて資本移動がなされる長期平均として、どこの部門でも同じくらい儲かる均等利潤率が得られる生産価格が成り立つ。これによって、（社会全体の真の再生産に相応する投下労働量どおりの価格の状態からは多少ズレるが、ともかく）社会全体の人々の欲求に合わせた合理的な労働配分が、誰の人為も効かない事後的な自動法則として長期平均的に実現するのである。

しかし、やがて景気循環を経るごとに恐慌が激化して、生産価格による均衡的な労働配分実現の困難さが増してくる。そこで、未来社会では、人々の欲求に合わせた合理的な労働配分を、自然発生的な歪曲から救い、自由な人々による、万人の具体的事情をふまえた意識的コントロールとして実現する。そこでは、価値法則の内実である等労働量交換が事後的物象によることなく事前的、意識的に実現される。

拙著『近代の復権』では、この図式がマルクスの機械論や個人的所有の再建論でもあてはまることを示した。ご関心を持たれた方は参照いただきたい。

1—3　国家論の場合

マルクスの国家論も、図1の図式でできている。それを図2に示す。以下の説明は、読者には周知の以上の価格についての議論になぞらえながら読むとわかりやすいだろう。

すなわち、前近代では国家は権力者のあれこれの特殊な人為によってコントロールされる。君主やその代理人の専制政治がその典型である。まるで前近代の価格が前期的独占などの人為でコントロールされることと相同である。

それが近代ブルジョワ社会ではどうなるか。短期的にはやはり、特殊な人為によるコントロールが見られる。あれこれの特定の資本家と結びついたあれこれの政治実力者や裁判官が、それぞれの特殊な事情に引きずられた判断を行って統治がなされる。

しかし、ある時はある特定の資本家と結んだ特定の傾向の政治家が政治を牛耳っても、別の時はまた別の特定の資本家と結んだ別の傾向の政治家が力を持つ。裁判でも、あれこれ異なった傾向の判決が積み重なっていく。そうすると、長期平均的に、特定の個別資本家に偏らず、**いかなる人為も効かない総資本の意思**が形成される。これがマルクス的に見たブルジョワ国家の本質である。拙著『近代の復権』では、主に英国工場法についての『資本論』の叙述を中心にこのことを確認した。

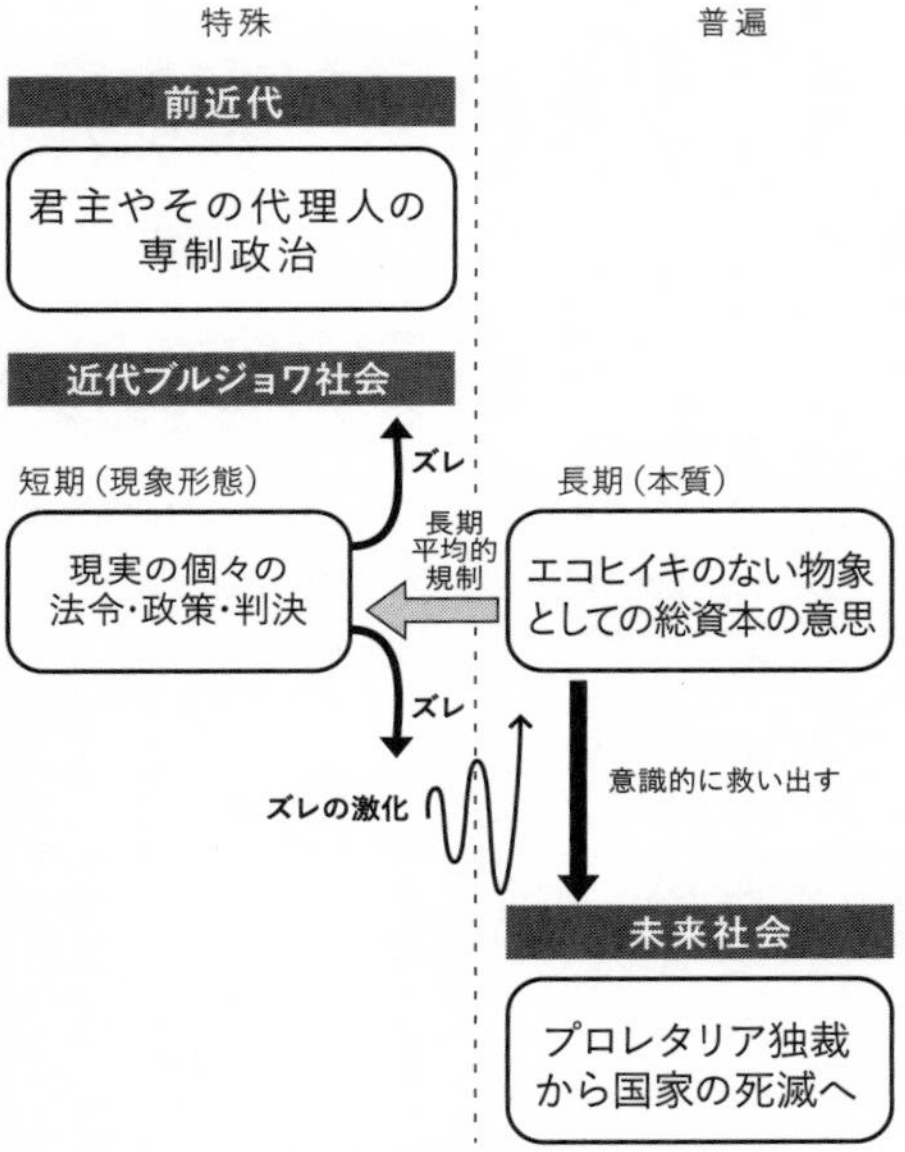

図２　国家論の場合

つまり、生産価格があたかも物理法則のように人の意思から自立して、その時その時の具体的な現場の人為的値決めを長期平均的に規制してくるように、ブルジョワ国家の本質もまた、あたかも物理法則のように、いかなる人の意思からも自立して、その時その時の具体的な現場の人為的な統治を長期平均的に規制してくるのである。だから、人為のある程度効く現実の市場価格が、常に生産価格からズレながらも、前近代の独占価格のごとくあまりにズレることのないよう、人為によらない物象的制約を受けるのと同様、人為のある程度効く現実の統治もまた、常にブルジョワ国家の本質たる総資本の意思からズレながらも、前近代の権力者のごとくあまりにズレることのないよう、人為によらない物象的制約を受けるのである。

それゆえ、マルクス主義的な階級国家観に立って資本制時代の国家を資本家階級の意思を反映した国家とみなす時、「奥の院」的なところに主要な資本家が集まって意識的に政策を決めているような陰謀論的なイメージで理解してはならない。マルクスたちの眼前にあった19世紀英国の自由主義国家のように、制限選挙で労働者階級の政治参加を排除しつつも、長年の慣習や、判例の積み重なりでできあがったコモンローが、女王であれ、総理大臣であれ、議員であれ、ロスチャイルドであれ、束になっても動かせない制約として現実の統治に優越している国家をイメージすべきである。これに総括されることによってこそ、資本家たちは、営業の自由と私有財産権を保護されて、経済領域たる「市民社会」の中で、「フェア」に営利事業にはげむことができたのである。

なお筆者は、国家論についても、価格論その他同様、やがて短期的な人為的歪曲が激化して総資本の意思の形成が困難になるという認識がマルクスにあるかどうかは確認できていない。しかし、プロレタリアートの勢力がブルジョワジーに対して強くなっていくことを歴史の傾向と考えていたならば、ブルジョワジーとプロレタリアートの勢力拮抗をもってボナパルティズム成立の条件とみなしたことは、少なくともルイ・ナポレオン独裁当時においては、そのような個人独裁をブルジョワ国家の向かう傾向と見ていたことを示唆するかもしれない。だとすれば人為的歪曲の激化の図式にあっている。

1―4　プロレタリア独裁は物象に縛られない民主主義

さて、以上のように見ると、マルクスが資本制的生産様式から共産社会への過渡期に想定したプロレタリア独裁国家と、共産社会における国家の死滅の意味がはっきりしてくる。図1の図式にしたがって、未来社会における国家の性格を考えると、それは、エコヒイキのない公共的意思を、特定の人為による歪曲から救うために、万人の具体的事情をふまえた意識的コントロールによって実現したものだということになる。まるで価格論の場合に、人々の欲求に合わせた均衡的労働配分を、人為で突っ走る景気循環の歪曲から救うために、万人の具体的事情をふまえた意識的コントロールで実現することと相同である。

そうすると、プロレタリアート独裁の「独裁」という意味が、暴力支配の意味でも個人独裁の意味でも一党独裁の意味でもないことがわかる。小ブルジョワ雑派が入り乱れ、ブルジョワジーにも選挙権があったパリコンミューンが、プロレタリアート独裁のモデルケースと扱われたことを見れば、プロレタリア階級による政治独占の意味ですらないことがわかる。

すなわち「独裁」という言葉は、19世紀自由主義時代の英国のような、**コモンローなどの物象の**

制約に縛られた国家体制の反対語として選ばれているわけである。人間が市場法則という物象に支配されるのをやめて、人間の意識によって自由に総労働配分をコントロールすることを展望したのと同様に、人間がコモンローなどの物象に支配されるのをやめて、人間の意識によって自由に制約なく政治をコントロールすることを目指す。この「自由に制約なく」というのが「独裁」という言葉の意味だと理解できる。

と言っても、価格論の場合に、意識的コントロールとは言っても、前近代の一部の特殊な人為による意識的コントロールではなくて、万人の意思を反映した意識的コントロールこそが未来社会の特徴であったことを思い出そう。同様に、国家論の場合も、前近代のそれこそ日常用語で言う「独裁」的な一部の特殊な人為による意識的統治ではなくて、**万人の意思を反映した**意識的統治である点がプロレタリアート独裁の特徴なのである。

要するに、これは民主主義ということにほかならない。なるほど、いかに自由な普通選挙で人民代表機関が選ばれても、民意の反映と合意形成のための物質的条件がまだ成熟していない時には、無制約の民主主義では、労働者全体から見れば部分的な人々の意思が国家意思としてまかりとおり、本当は納得していない人々を抑圧する危険は避け得ない。そんな時には、その危険を避けるためには、その都度都度の都合では恣意的に動かせないルールによる制約はある程度残らざるを得ない。しかし、民意の反映と合意形成のための物質的条件が成熟していくと、そのようなルールの制約は次第に不要になり、その都度都度の合意決定にまかせられる度合いが増す。

したがって、民主主義の純化は、この意味での独裁の深化を意味する。この極限では、ルールの制約なくとも、日常的にその都度の当事者の合意で社会がまわることになり、社会から自立した特別の公共過程はなくなる。すなわち国家が「死滅」するということである。

1―5　本来の資本制国家は「立憲制」

以上の見方から言えることとは、マルクスの図式にそって言えば、資本制的生産関係にとって最も合致した国家制度は、決して民主主義ではないということである。もちろん個人独裁や寡頭独裁でもない。そのどれでもなくて、誰も意図せずして長期平均的に形成されるルールに制約されて統治がなされる国家制度である。民主主義とはむしろ、資本制的生産関係を変革するための国家制度においてこそ、その性格を純化させるものととらえられている。

立法も含む政治権力が、より上位のルールに制約される体制は、**立憲制**と言われる。立憲制と言うと、明文憲法が法律や政令などを拘束する仕組みと理解されている場合が多いが、マルクスがこの典型例として目にしていた19世紀英国自由主義国家には明文憲法はない。むしろ、明文憲法はハードルが高いとはいえ究極には人為で意識的に改変できるのに対して、19世紀英国政治を制約するルールは不文の抽象物であるがゆえに、勝手に人為的に改変できない。それゆえ物象の支配としての性格がよく表れている。そちらの方が本来の立憲制なのであり、それこそが原理的に資本制と適合する政治制度だったのである。

それゆえプロレタリアート独裁の「独裁」とは、民主主義の反対語ではなくて、立憲制の反対語として選ばれているのである。立憲制は民意と言えども動かせないものがあるとみなす点で、民主主義とは、原理的に対立する緊張関係を持つ。立憲制を原則として否定したプロレタリアート独裁においてこそ、民意の実現という意味での民主主義が十全に成り立つわけである。

2 パシュカーニス＝藤田勇＝藤田暁男のブルジョワ国家論

2―1 商品の私的所有者としての承認の一般化

さて、ブルジョワ国家の本質を、資本家階級の意を直接に受けた意識的暴力の装置に見るのではなく、その物象性を指摘し、貨幣や価格という物象と相同な形態として論じたマルクス派の論者は、もちろん筆者が初めてなのではない。有名な論者には、エフゲニー・パシュカーニスがいる。彼は、『資本論』冒頭の価値形態論や交換過程論のロジックになぞらえながら、ブルジョワ社会における法の形成について論じた。

パシュカーニスの所論は、日本では藤田勇の法哲学に受け入れられ、そこからさらに藤田暁男の国家論に引き継がれている。以下では、藤田暁男の『国民経済と独占の構造』の第4章で展開されている議論を紹介する。

価値形態論が、特定の二商品が交換の場面で相対しているところを取り出して始まるように、この議論も特定の二人の商品所有者が交換の場面で相対するところを取り出して始まる。そこでは、『資本論』第2章の交換過程論の冒頭にあるとおり、お互いを商品の私的所有者として承認しあうことで、互いに他方の同意のもとで、自分の商品を手放すことと引き換えに、他人の商品を自分のものにすることが指摘されている。これが「交換要求に対する直接的な承認」とされる。そして価値形態論同様、この図式を社会的なものに広げる中で、この図式の一極の中にある私的側面と社会的側面との矛盾が展開して、社会的な側面が外化して個々の商品所有者に相対して定立されることになる。すなわち、二者間の「交換要求に対する直接的な承認」が、いまや社会的な「一般的承認」として現れることになる。ちょうど価値形態論で言うと、一般的等価形態としての貨幣にあたる。

それは、藤田暁男によれば、「価格決定の自由、相手方選択の自由などの契約自由の原則を基本的内容とするところの、市民法の基礎形態としての近代私法へ結実する法的意思としてあらわれる」。その中核をなすのは「権利」という抽象物、なかんずく私的所有権である。これによって、見知らぬ他人とでも、自由で対等な商品所有者間の公正な交換が成り立つ信頼が行き渡り、特定の取引相手の限界を超えて全社会的にスムーズに商品交換が可能になる。その意味で、ブルジョワ国家はブルジョワ経済の支障なき再生産を支える「土俵」の役割を担う。これが図2の筆者のマルクス解釈図式における「総資本の意思」にあたることは明瞭だろう。

ここで本稿の主題から注意すべきことは、この論理展開は最終的に成文法としての私法（民法、商法等）の定立に至るのであるが、そこから論理的に先行して商品生産者たちの間からすでに意図せざる物象として形成された「法的意思」「社会的規範」が文章化されたものと、それをとらえていることである。すなわち、立法者の自由意志によって恣意的に制定できるものとはされていない。これは、専制君主や独裁者がそうできないというだけでなくて、民意によってもそうできないことを意味する。したがってやはりこの議論においても、近代ブルジョワ社会の国家の本質は民主主義と矛盾するものだと言える。

2―2 「公正な交換」は階級支配を隠蔽する欺瞞か

ところでパシュカーニスの所論はしばしば、資本制経済の流通過程の面だけに着目し、生産過程での階級支配を貫徹させる暴力装置としてのブルジョワ国家の側面を無視していると批判された。藤田暁男はこれに対して、直接的生産過程における個別資本の権力が、同様のロジックによって「社会的意思」「社会的規範」になり、国家権力へと集積されると論じる。その際、資本＝賃労働関係もまた、賃金と労働力という商品を交換する、形式上対等で自由な商品所有者間の関係として現れることがキーとなる。前近代の階級支配の暴力装置としての国家と異なり、資本制の場合は、そのような階級的抑圧自体が一旦物象として客観化されておかなければなし得ないのである。

敷衍して言えば、資本・賃労働の支配・被支配関係にしたがうことを、自由な商品交換の規範の一環として、労働者も含めて認識している上で、前近代のような上位者の恣意による弾圧ではなくて、自由な契約への違反とか、私有財産権や公正な営業の自由の侵害といった違法を正す理由を立てて階級抑圧がなされることが、近代ブルジョワ社会における国家権力の特徴だと言える。

そうは言っても国家暴力装置説論者にとっては、警察や軍隊を意識的に繰り出して階級支配を押し付けてくることこそが国家の赤裸々な正体であり、自由で対等な商品所有者間の公正な交換の観念は、その正体を覆い隠す欺瞞のためのイデオロギーであるとの見方が対置されるだろう。

これについては前節で見たように、総資本の意思は現実のあれこれの生身の利害を背負った人間によって、あれこれの歪曲をともなって実現されるのだということを理解する必要がある。暴力装置は生身の人間が意識的に動かすほかないので、その発動が総資本の意志と直接に一致しているわけではない（例えばアヘン戦争政策も、アヘンを扱っていない在中英国商人の多くは反対し、議会も賛否僅差で認めたものである。かなりの程度、東インド会社の特殊利害のために遂行されたようなものだと言っていい）。

そしてあまりに総資本の意思からかけ離れた権力は、結局は淘汰されるのである。

他方でその総資本の意思の方も、生身の人間の外に自立する物象である以上は、その時どきの資本制的再生産条件を、真に正確に反映したものとはならない。それは、生産価格がその時どきの資本制的再生産に真に正確に合致した総労働配分をもたらす均衡価格ではないことと同様である。

価格変動の重心としての生産価格が、その時期の資本制的再生産の条件からあまりにズレた場合は、現実価格の生産価格からのズレが長期平均的にもある方向に偏るようになるだろう。それが続くと、正常な均等利潤率についての資本家たちに共有される予想が経験に合わせて切り替わる。それによって、生産価格が現実を反映して変わることになる。

それと同様に、総資本の意思もまた、その時期の資本制的再生産の条件からあまりにズレた場合は、現実の政策や判決の総資本の意思からのズレが長期平均的にもある方向に偏るようになり、それが続くと、総資本の意思が現実を反映して変わるのである。こうした次元で唯物論的反映関係が貫く。

その際、労働力の再生産水準がどうであるかに応じて、利潤率が高いものから低いものまで、生産価格体系はいろいろであり得るので、労働者階級は部署、部門を超えた長期的な闘争によって、その中でも高い労働力再生産水準に対応した生産価格体系を実現することができる。

同様に、工場法にも労働時間規制の緩いものから強いものまであるように、総資本の意志としてのルールには、資本家側に有利なものから、ある程度労働者にも有利なものまで、いろいろあり得る。だから、労働者階級はストライキや訴訟、デモなどの広範な長期的継続的闘争によって、労働者に有利なルールが実現するよう動かすことができる。選挙のようなチャンネルがある場合にも、物象である以上は民主主義的に民意の思い通りにコントロールすることはできないので、労働者の利益の反映はスムーズにはいかない。やはり、幾度もの揺れ戻しを貫く、多方面での長期的継続的闘争によって、はじめて労働者の利益を総資本の意思としてのルールに反映できるのである。

特に、総資本の意思が物象であって個々の資本家の意識から自立している点に逆手に取る余地がある。商品所有者の対等性、権利の普遍性の建前が、労働者の闘争に利用される。

そして、資本制による、生産価格の下での、ますます多くの人々を巻き込んだ合理的効率的労働配分の発展が、激化する歪曲の桎梏を打破した暁に、労働者による意識的コントロールに引き継がれる未来展望と同様に、資本制による、ますます多くの人々を巻き込んだ、対等性、公正性、権利の普遍性、自由の相互承認の物象観念の下での人間関係の発展が、激化する歪曲の桎梏を打破した暁に、労働者による意識的コントロールに引き継がれる未来が展望されるのである。それゆえ、これらの観念は、次の社会を可能にする条件を作るのであり、単なる欺瞞として蔑視するわけにはいかない。

3　ハイエクの「ノモスとしての法」という国家論

3―1　裁量を最小化した事前のルールが国家の役割

ところで、マルクスとは全く相反する立場の論者の中で、図2に示すようなブルジョワ国家の構図について、非常にクリアな同様の認識をしていたのが、フリードリッヒ・ハイエクである。図2での、前近代と近代ブルジョワ社会の国家の区別にあたることを、ハイエクもまた認識している し、近代ブルジョワ社会における国家の短期と長期の関係にあたることも、明瞭に述べている。以下のことは、拙著『近代の復権』第1章の補論1や、拙著『ケインズの逆襲 ハイエクの慧眼』（ＰＨＰ研究所、２０１４年）で論じているので、詳しくはそちらを参照いただきたい。

まず、図2での、前近代と近代ブルジョワ社会の国家の区別にあたることである。ハイエクが考察の対象にしているのは、彼が「偉大な社会」と呼んでいる社会であるが、これはアダム・スミスが近代市民社会を指して呼んだ言葉である。

だから彼が批判している国家体制は、近代社会にふさわしくないと彼が考える体制だということになる。それは、民間人が事前に予想できないような、政治担当者の自由裁量に委ねられた国家である。すなわちそれは、特殊な人為でコントロールされる国家ということになり、たしかにそれは、図1や図2の図式でいう、前近代的体制のことにほかならない。

それに対してハイエクが近代社会にふさわしい国家と考えるものは、『隷属への道』第6章に、次のように書かれている。

自由な国家と恣意的な政府の支配下にある国家とを最もはっきりと区別するものは、自由な国家では、「法の支配」(Rule of Law)として知られているあの偉大な原則が守られているということである。専門的な表現を一切省いてしまえば、この「法の支配」とは、政府が行うすべての活動は、明確に決定され前もって公表されているルールに規制される、ということを意味する。つまり、しかじかの状況において政府当局がどのような形で強制権力を行使するか、ということがはっきりと予測でき、個人はそれをもとにそれぞれの活動を計画できるようなルールが存在しているということである。もちろん、立法者も法の運用者も、誤りやすい生身の人間である以上、この理想が完璧に実現されることはまず無理だとしても、本質的なことは、強制権力を行使する行政組織に許される自由裁量権は、できるだけ最小限におさえなければならない、ということである。

つまり、近代的国家では物象的ルールが支配すると言っているのであり、これはたしかに、図2の近代ブルジョワ社会での国家の特徴のことにほかならない。その例としてハイエクは、『隷属への道』第3章、『自由の条件』第2部第15章で次のようなものを国家の役割としてあげている。私有財産制度や契約の自由を保証し、詐欺やごまかしを防止する役割——要するにパシュカーニスが強調した民法などの取引ルールの体系のこと——、通貨制度や情報伝達網、度量衡基準の設定、測量や土地登記の情報の提供、教育の支援、公衆衛生や保健サービスの提供、道路標識や信号の設置、道路の建設、労働時間の制限や働く環境の維持向上、公害や環境破壊を防ぐための生産方法の規制など。

さらに、『隷属への道』の第9章では、国が人々に最低所得を保障することや、病気や事故や災害に備えるための保険を国家がお膳立てすることもあげている。これらはいずれも、パシュカーニス＝藤田勇＝藤田暁男のブルジョワ国家観で確認した、ブルジョワ経済の支障なき再生産を支える「土俵」の役割だと言える。

3—2　「ノモスとしての法」と「テシスとしての法」

さらに、図2での、近代ブルジョワ社会における国家の短期と長期の関係にあたることについては、次のように言っている。

『法、立法、自由』で彼は、法を「ノモスとしての法」と「テシスとしての法」に分ける。「ノモスとしての法」とは、人々が取引を繰り返しているうちに、意図せず自然に形成されるもので、典型的には、長い年月を重ねて裁判所の判決が積み上げられているうちにできあがってくる慣習法である。かつての古典的自由主義の時代のイギリスでは、こうやって自然発生的にできた「コモン・ロー」が支配していたと言う。

しかし、それは本来抽象的で目に見えるものではないので、現実に適用する時には、それぞれの状況に合わせて具体的な人々を動かす具体的な文章に書かれた法令の形をとらないわけにはいかない。それをハイエクは、「テシスとしての法」と呼んでいる。それは特定の具体的目的にそって特定の具体的組織を動かし、特定の人々に影響を与えるためのものであり、全面化すると社会全体が一つの組織になってしまって、個々人の自由が失われる。

それゆえ、あくまで「ノモスとしての法」が「テシスとしての法」よりも優位に立たなければならないとみなしている。そして実際、古典的自由主義の時代、すなわちマルクスが見たのと同じ19世紀中葉の英国では、総じて、このような「ノモスとしての法」の優位は成り立っていたのだとする。

要は、「ノモスとしての法」は「本質」で、それが現実の具体的な物質的条件の制約を受けて「現象」したものが「テシスとしての法」であって、後者は前者から乖離するが、究極には前者が貫くということで、図2中段の構図と同じものになっているのである。

3—3 民意代表機関を従属的位置に置く構想

しかし、ハイエクがマルクス派と違うのは、この構図を本来望ましいものとみなし、法を万民の意識的コントロールのもとに置こうというような発想を拒否する点にある。したがって、ナチスやスターリン体制のような少数者独裁を心底嫌うハイエクが推す体制は、本質的には民主主義ではない。彼が理想に近いものと見る19世紀中葉英国の古典的自由主義国家は、高額納税者男子だけに選挙権があり、とても民主的とは言えない。

たしかにハイエクも、いまさら、全成人から普通選挙された議会を置くことを否定するわけではない。しかしハイエクはそのような議会を「行政院」と称する下院とし、「テシスとしての法」を決める役割に徹することを求める。その一方で、下院の上に、元老院的な上院を置き、そこが先述の、ハイエクが本来の国家の役割と考えるルール的な法律を策定し、裁判官の人事を担うことを提唱する。この上院の議員は、45歳から65歳までの名声と実績のある人たちの中から、同世代の地域クラブのようなコミュニティで選出され、任期は15年で毎年15分の1ずつ改選するものとされている。

さらに、ハイエクの理想では、司法が立法府よりも優位に立つことになっている。これについて太子堂正称は、「ハイエクにおける『立法者の科学』」（『京都大学経済論叢』第176巻第5・6号、2005年）で、「構成主義を批判し自生的秩序を基盤に置くハイエクの社会哲学では、意志的な統治者の命令を極力排除するために、政治家ないし為政者の役割がそれほど強調されない一方で、ノモスを『発見』する裁判官に課される役割は非常に大きく能動的であり、この点は彼の議論の特色となっている。通常の理解では、立法者とは民主主義的選挙で選ばれた議会であるが、ハイエクは立法者の範疇に『立法府』だけではなく『裁判官』をも含め、さらには後者のより大きな役割を主張している」と言っている。

4 一部の人為によるコントロールの時代の復活——19世紀末から

4-1 国家介入と一定の民主主義

さてここまでのところで、マルクスの社会システム図式からの接近、パシュカーニスらによる価値形態論のアナロジーからの接近、ハイエクの議論の、三者いずれも、近代ブルジョワ社会の本質について、共通した認識が得られることを確認した。すなわち、①特定の人為によって意図的にコントロールできる前近代の国家と違って、近代ブルジョワ国家の本質は、商品取引をスムーズに展開させるためのルールとして、商品交換が繰り返される中で形成された、いかなる人為でもコントロールできない抽象的な物象である。しかし、②それは現実の特殊な条件におかれた特殊な人為の意識的判断で実現されざるを得ないので、それらの特殊な変容を受けて、本質に矛盾する形態で現象するが、そうした歪曲を貫いて、究極には実現される。

それゆえブルジョワ国家は、民意による政治コントロールという意味での民主主義とは、本質的には相容れない。

しかし19世紀の末から、発達した工業国では次々と普通選挙が導入されていき、それにともなって、民意の支持を得たとの正当化のもとで、国家権力が慣習などの制約を受けずに経済や社会に介入し、これらをコントロールしようとする傾向が強まった。それは、ナチスやスターリン体制のような、一部の人為による全体コントロールの極北を生み出したが、同時に、場所によっては一定の民主主義が実現されたということでもある。

拙著『近代の復権』では、19世紀末の重工業化の結果、主導的産業が、単純労働者中心の繊維産業から、複雑労働者が中核を占める重工業に転換したことを要因として説明している。帝国主義の時代になって労働者階級が徴兵されるようになると同時に、複雑労働者の比較的高い所得が目をつけられて、労働者も納税者になる所得税制度が導入されるようになった。その結果、それだけ国に貢献させておきながら、普通選挙を導入しない言い訳が立たなくなったのである。しかも複雑労働力の再生産のためには、教育、医療や失業時の生活保障などの充実が不可欠であり、それがないと資本制的再生産が順調に進まないことになった。複雑労働力の希少性を交渉力に、労働組合運動が発展し、これらの社会政策の実現を迫る中、選挙によってその意思を取り込むことは、資本制自体の必要事となったのである。

特に、1930年代大不況の大量失業の危機を経て、国家権力によるマクロ経済コントロールが労働者階級から切実に要求されることになる。かくして先進資本主義国では、財政金融政策によるケインズ主義的な経済コントロールが始まった。そして、資本家団体をバックに、雇用よりはインフレ抑制を重視して財政支出をなるべく絞り、支出先としてはインフラ整備や軍備を志向するブルジョワ政党と、複雑労働者の大労働組合をバックに、インフレ抑制よりは雇用を重視して財政支出拡大を目指し、支出先としては福祉、医療や教育を施行する社会民主主義政党（または米国的意味での「リベラル」政党）の二大勢力が選挙で覇を競うリベラル・デモクラシーの国家体制が標準化した。

4―2　一部の人為によるコントロールの再拡大と物象の残存

しかしこうした動きは、図1や図2の図式における、マルクスの未来社会展望に近づいた動きだとは**言えない**。それは二点から指摘できる。

第一に、この時代の動きは、むしろ一部の人為による裁量的なコントロールという意味で、図1や図2の図式における「前近代」同様の性質を本質的に持っていると言える。この図式における「前近代」の高次元での再現と言ってもよい。あるいは、近代ブルジョワ社会における、短期の歪曲形態が、なかなか逆方向の歪曲で相殺されず、比較的長期にわたって持続して、長期平均的本質が貫く力が表に出なくなったとも言ってよい。

枢軸国の体制や中ソなどのスターリン体制はそれが極限に至ったものだし、発展途上国の開発独裁も同様の性格を持っている。しかし、先進資本主義諸国のリベラル・デモクラシーの体制においても、選挙は決して民意を正確に反映できるものではなかったし、行政組織の権限が肥大化して、一部の人為による裁量的な判断によって、民衆が一方的に支配される構図は深化するばかりだった。

第二に、この時代においても、特に先進資本主義諸国の場合、人為によらない物象の支配はなくなったわけではなく、コアなところにはしっかりと残っていた。それゆえ、労働組合をバックにした社会主義勢力がどんなに選挙で勝利しても、例えば、私有財産制度を廃絶して生産手段の共有を実現できるわけではなかった。選挙の結果がどうあれ、できた政府が取り得る政策は、やはりブルジョワ国家のもとで許容される一定の範囲の制約の中におのずと留められていた。

むしろこの時代には、市場を寡占的に牛耳ってコントロールするに至った大資本の側が、国家権力をも裁量的にコントロールして私的利権を貪り、思うがままに階級抑圧を加えてくる危険が現実的だったので、労働者階級を中心とした大資本への反対勢力の側が、こうした危険への対抗のために、人権や公正性や法の支配などの物象的ルールを利用してきたところがある。それによって例えば、選挙では阻止できなかったものを司法の力で阻止するなどしてきたわけである。

4—3 物象の「聖域」としての中央銀行

なお、先進資本主義諸国において、資本制経済の再生産にとって重要なコアのところで、民主主義的コントロールを許さずに物象の領域を残した最たるものは、中央銀行制度だったと言えよう。19世紀の古典的自由主義の時代において、中央銀行は、国家によって統治組織の一環として意識的に設計されて作られたものではなくて、民間銀行から自生的に発生した発券銀行に国家がお墨付きを与えたものと位置付けられた。そして、中央銀行が発行する通貨は金との固定率での兌換が保証され、中央銀行の金準備に応じて発行されるものとされた。これは、人が意図しなくても、マクロ経済を自動的に調整する仕組みであるとされた。つまり、資本制経済にとって最も重要な貨幣のマターが、極力人為的な政治判断に左右されない物象システムにゆだねられていたわけである。

だからこそ、マルクスたちにとっては、プロレタリア独裁政権の真っ先になすべきこととして、中央銀行の掌握があげられるのである。『共産党宣言』は革命政権が信用を国家の手に集中することを唱え、エンゲルスは『フランスにおける内乱』の序文で、パリ・コミューンはフランス銀行を国有化すべきだったと述べている。

さてその後、先進資本主義諸国で普通選挙が導入され、さらにケインズ政策がとられるようになると、ケインズ政策の制約になる金本位制は撤廃されていった。それゆえ通貨発行は、本来ならば民意を反映して政策的にコントロールできるようになった。

しかし、戦後当初は各国通貨を米ドルとの固定相場におくことによって、アメリカ以外の先進各国はそのようなコントロールの手は原則として縛られ、ＦＲＢの背後にあるアメリカ財界を中心とする国際ブルジョワジーの制約下に置かれ続けた。その後、１９７０年代以降は、変動相場制に移行することで、通貨発行政策は各国がコントロールできるようになったが、やはり依然として中央銀行の独立性の体裁は維持され、労働者階級が民主主義的なチャンネルを通じてコントロールを及ぼす領域からははずされていた。

5　再び物象の支配が表にでる時代——20世紀末から

5—1　とれる政策の幅は縮小・民主主義は形骸化

さて、拙著『近代の復権』では、１９８０年代以降の世界の動きが、再び物象の支配の拡大が表に出る時代になったと論じた。つまり、一部の人為によるコントロールの時期と、「普遍」的物象が自己発展する時期とが、規模や力を高めて**螺旋状に交代してきた**のである。世界が一つのグローバル市場に巻き込まれて、誰もそれをコントロールできずに、「大競争」に飲まれていく時代の到来。それは、マルクスたちが目にした、前近代社会から近代ブルジョワ社会への転換の高次元での再現だと言える。

この見方にしたがうならば、１９８０年代以降の国家はやはり図２の近代ブルジョワ社会における国家の特徴があてはまることになる。グローバル市場という物象の支配に対応して、国家もまた物象の性質が表に出るのである。短期的には一部の者の特殊な人為で変容しつつも、長期的にはそれらの変容が相殺しあって、誰もコントロールできないグローバル総資本の物象的ルールが支配するということになる。

ということは、一面では一部の人為によるコントロールの効く国家体制が成り立たなくなるということである。たしかに、１９８０年代の終わり頃から、ソ連・東欧や東アジアや南アフリカ、チリなどの中南米等々、世界のいたるところで強権的な独裁体制が崩壊した。

これはよいことのように聞こえるが、他面では、民主的なコントロールも効きにくくなるということである。もはや誰が政権をとっても、やれることはほとんど変わらない――規制緩和や民営化を進め、法人税などブルジョワジーの負担を軽減し、財政均衡を目指す。結局グローバルな総資本の利害を反映し、庶民に犠牲を転嫁する政策が貫くのである。だから庶民から見れば選挙などやってもやらなくても同じで、民主主義は空洞化していった。

5―2　コントロールできない物象国家の例――香港

特に現代のブルジョワ国家の性格がよくわかる例として2点あげておこう。

1つは香港である。もちろん香港はもともと英領時代からレッセ・フェールを標榜していたし、もともと民主主義などなかった。しかし「返還」後はその性格に一層拍車がかかっている。

それがよくわかるのが、2021年に邦訳が出版されたレオ・F・グッドスタット『香港　失政の軌跡――市場原理妄信が招いた社会の歪み』（白桃書房）である。香港では、行政長官が「住民が代表者を選ぶようになれば、香港住民の半分を占める月収1800米ドル（中流層）以下の所得層が決めることになる」と言って普通選挙に反対していたことからもわかるように、大ブルジョワ階級によって政治権力は独占された。英領時代はまだ総督がもしその気になれば、ブルジョワ階級に反する政策もとれたかもしれない。しかし「返還」後は、そのような政策はとてもとり得ないばかりか、およそいかなる積極的経済政策もとることができない政治システムになっていることが、この本を読むとわかる。

特に、病的なまでの財政均衡主義が貫いていて、2014年には政府の累積積立金がGDPの3分の1、22か月間の政府支出をまかなうに足る額に達したという。政府債務もほとんどない。財政余剰が出ると、支出を増やすのではなく、財界に恩恵が偏った減税がなされた。こうした緊縮政策で、自助努力の声の下、もともと劣悪な状況だった福祉、教育、医療、住宅への政府支出がますます削減され、民衆の生活は悲惨になった。

しかし多くの民衆の貧困や生活苦をよそに、香港経済は「良好」な経済成長をとげ、この10年ぐらいは行き詰まりが言われながらも、グローバル資本の都合を評点化した世界経済フォーラムの「国際競争力ランキング」では、2019年に世界3位をつけている。

なお、同上書では触れていないことだが、香港には中央銀行がない。香港ドルを発行しているのは3行の商業銀行である。しかも米ドルに対して厳格な固定為替相場制（カレンシーボード制）になっている。すなわち、厳密な金本位制と同じであり、通貨発行に何も裁量を働かせる余地がない。なので、他国と違い、政府債務は**文字通りの借金**である。根本的に緊縮政策をとらないわけにはいかないシステムになっているのである。

変動相場制と違い、固定相場制は通貨危機に対して一般に脆弱である。通貨下落を防ぐための金利高騰に景気が耐えられないので、どこかで通貨価値維持が断念されるからである。ところがアジア通貨危機の時、香港は金利暴騰を厭わず通貨価値を守り切った。どれだけ多くの犠牲者が生み出されるリスクがあろうが気にせず、翌日物インターバンク金利が一時300%を超えるまでの金融引き締めをしたのである。

その結果通貨価値は守れはしたが、犠牲は大きかった。通貨が暴落した韓国では、危機の翌年の1999年に緊縮不況でインフレ率が0・81%に落ちただけで、すぐ正常に戻ったのに、香港では99年から激しいデフレに突入し、以降、04年までデフレが続いた。失業率で見ると、韓国は通貨危機で98年は6・95%に跳ね上がったが、2000年には4・43%に落ち着いているのに対して、香港の失業率は98年に通貨危機で前年から2・5ポイント跳ね上がって4・7%になって以降高水準が続き、03年には7・94％にまで達した。ようやく4％を切ったのは、リーマンショックを迎える08年だった（もちろんその後ただちに再上昇している）。

労働者階級に与える悪影響は甚大なのだが、これは制度がもたらしたものであり、特定個人の責任が追及できない。それが物象の怖さである。

5—3　コントロールできない物象国家の例——EU

もう1つあげたいのがEUである。欧州共同体が発展的にEUに改組されたのはソ連崩壊に続く時期で、グローバル市場時代に照応する新しい世界秩序の登場をつげる代表的な出来事の一つだった。そしてまさしく、誰にもコントロールできないグローバル市場時代にふさわしく、EUの政治体制は誰にもコントロールできない物象として作られていったのである。

そもそも、パシュカーニスの論理からもハイエクの論理からも、市場取引の自然な拡大の結果、複数の地域の市場が一体化していったならば、それらを摩擦なくまわしていくための「土俵」となるルールも一体化せざるを得ない。欧州諸国の経済も自然な発展の結果として、全欧州規模で一体化してきていたわけだから、そこに何らかの共通の基準を与える政治的枠組みができることは必然だったと言えよう。

これは国家主権を超える公共意思のもとにメンバー諸国が服することを意味する。しかし、EUは依然として独立諸国の連合であって連邦国家にまでは至っていない。だから、公選された欧州議会はあるが、最高意思決定期間はあくまで政府首脳の会議である。とはいえ国際会議のようにすべての国が同意しないと物事が決まらないわけでもない。また、政府機関にあたる欧州委員会は、欧州議会の連立多数党で組織されるのではなくて、各国政府が委員を出し、政府首脳の会議が委員長を選ぶ。とはいえ各国の利害を超越した機関ということになっているし、委員長人事は欧州議会の同意が必要である。要するに、メンバー国が独自の国家意思を貫くこともできず、全欧州の民意を反映した議会が権限を握るわけでもなく、どっちつかずになっていて、責任がはっきりしない。

だから、各国で国政選挙をして政権が変わっても、EU全体の政策に制約されてしまい、できることの幅は少ない。さりとて欧州議会の権限も制約されているので、選挙で欧州議会の構成が変わったからといって、ただちにEUの政策レジームを大きく変更できるわけではない。結局、EU諸国の民衆の目から見れば、不明瞭な決定プロセスで自分達の知らないところで決まったルールに縛られてしまい、それに対する異議申し立てのチャンネルがないと感じられることになる。

特に、共通通貨ユーロができたことで、ユーロ圏の諸国民にとっては、自分達の生活に直結するはずの通貨発行政策について、民意が影響を及ぼすチャンネルは、決定的に失われてしまった。各国中央銀行があって各国通貨を発行していた時には、いくら中央銀行は独立だという建前になっていたとしても、最終的には多数派政府の権力には逆らえないので、世論の望みとあまりにかけ離れた政策をとり続けることはできなかった。しかし、ユーロを発行する欧州中央銀行は、加盟各国の政府から本当に独立してしまっているので、どんなに民意からかけ離れた通貨発行政策であっても、フリーハンドで欧州中央銀行に任されることになった。

こうして、EU当局と欧州中央銀行は、IMFとともに「トロイカ」と呼ばれるブロックを作り、欧州各国に緊縮政策を押し付けた。言うまでもなくその最大の犠牲者となったのがギリシャ民衆である。緊縮拒否の国民投票の結果は無視され、緊縮不況で失業者は激増、公衆衛生は崩壊、多くの人命が失われる人道危機に陥ったのを尻目に、グローバル資本は国有財産を買い叩いて収奪していった。その後のコロナ禍で南欧を中心に夥しい死者を出したのは、一連の緊縮策で医療と公衆衛生が削減されてきたからにほかならない。

※本書第9章では、この時期のイスラエルでも、新自由主義政策への転換のテコになったのは、中央銀行の独立化とそれを通じた財政規律制約だったことを紹介している。

6　物象を乗り越える時代へ

6―1　「コントロールを取り戻せ」

ところで前述のとおり、国政選挙をしてもとられる政策に幅が少なく、民主主義が実質機能しないという事態は、EUほど劇的でなくても、冷戦後の先進資本主義国に共通に見られる現象になった。

主流派経済学では、主要な学派を超えて「ニューコンセンサス」と呼ばれる合意が形成された。それによれば、財政は均衡をめざすことになっている。景気変動については、どの党が政権をとるかにかかわらず、独立した中央銀行が、インフレやGDPが目標値を超えたら利下げし、下回ったら利上げするというルールに基づき粛々と金融政策運営すれば安定化されるものとされた。すなわちこれによって、マクロ経済政策運営は民主主義過程から切り離されて、裁量的にコントロールされない物象になったのである。

そしてそのままリーマンショック恐慌を迎えた。もともと80年代以降の新自由主義の隆盛によって、格差や貧困、雇用の不安定化、社会保障や社会サービスの削減、環境破壊等々が悪化していたところである。多くの国では恐慌自体は財政均衡原則を停止してケインズ政策に戻ることで切り抜けられたが、落ち着いたあとになって、その結果積み上がった公的債務を見て、支配体制側の総意として一転、緊縮攻撃がかけられることになった。先述のギリシャ攻撃はその一環である。多くの国々で、こうした動きに対する民衆の反発が起こり始めた。

それは、人の手でコントロールできない物象の勝手な動きのために、犠牲を被ることへの反発と総括できる。図1右図と図2は、ともに図1左図の一般的図式の一環なのだから、物象たるグローバル市場で暴れる経済を人のコントロール下におくことは、**同様に物象たる冷戦後国家システムを人のコントロール下におくこととセットにしないと実現できない**。２０１０年代からの世界でのポピュリズムの隆盛は、これを目指したものだと言える。イギリスのＥＵ離脱派のスローガン「コントロールを取り戻せ」は、こうした気分を言葉にしたものである。

振り返れば、先述の冷戦後の物象国家の典型例としてあげた香港とＥＵのどちらの体制も、近年こうして大衆から激しい拒否の声をつけつけられて動揺したことは記憶に新しい。今や時代のフェーズが変わることは避けられない。

この時、2つの方向がある。1つは、図1や図2の中段から上段への移行を目指すものである。すなわち、マルクス、エンゲルス死後人類がたどったコースをスケールを高めて再現し、螺旋の続きの三巡目を回る道である。もう1つは、図1や図2の中段から下段への移行、マルクスらの展望した道を、次元を高めて目指す方向である。

6−2　一部の者の人為によるコントロール再復活の道

前者は、**一部の者の人為**が社会的なことをコントロールすることを目指す方向である。すなわち、右派ポピュリズムの道であり、現在世界中で兆しが見られる国家的資源動員体制の道である。

かつて今世紀初頭に、一度席巻した右派ポピュリズムは、フランスのジャンマリー・ルペンも、アメリカのティーパーティも、大阪府知事時代の橋下徹も、新自由主義の急進派の主張で売っていた。しかし、その後の右派ポピュリズムは、だんだんその姿勢は薄れていく。後からでてくるものほど、反グローバリズムの姿勢が表に出て、積極財政や市場規制や貿易制限を説き、ついにはジャンマリーの娘のマリーヌ・ルペン国民連合党首のように自国民への福祉拡充を唱えるようになっている。それがコントロール不能な物象に飽き飽きした大衆の支持を受けて、メインストリームを震撼させているのである。

そして、そのメインストリームの経済政策潮流自体が、米バイデン政権でもEUでも中国でも、当局者が裁量的な課題設定をして拡張的な政府権限で資源動員することをよしとするようになっている。そしてコロナ禍の経験もあいまって、「経済安全保障」を口実に製造業のサプライチェーンの国内回帰を図るものに転換している。

日本では2021年6月に経済産業省が「経済産業政策の新機軸」と称してこの路線を打ち出し、高市早苗が自民党総裁選の公約に取り入れ、岸田政権のもとで経済安保法成立にその一端が結実している（これらは詳しくは、2022年に論創社から上梓した拙著『コロナショック・ドクトリン』の第4章、第5章で検討しているので参照されたい。本書第7章でも解説している）。

同法の特徴は多くのことが政令や省令に委ねられていることである。岸田政権のこのような政府裁量志向は、法的根拠なき安倍晋三「国葬儀」にも見られるが、もともと、新自由主義的性格を残しながらも**今日的右派ポピュリズムの世界的先駆**を担った安倍政権下で、常習化したものである。

しかも、サプライチェーンの国内回帰志向は、ウクライナ戦争を経て、国内は無理なものでも自国の勢力圏下にそれを集める「ブロック経済」志向に発展している。そして、ほかならぬウクライナ戦争自体をその一環として、地域ごとの相対的大国が実力で勢力圏確保を図る新たな帝国主義の時代の予兆が感じられる。

かつて**螺旋の二巡目**で一部の者の人為が効くシステムが復活した時にも、保護貿易化や帝国主義が見られた。そしてそれは、ファシズムとスターリニズムと二度の世界大戦をもたらしたのである。**今その追憶は戦慄に値する。**

6―3　万人の人為によるコントロールを目指す道

このような方向への移行に歯止めをかけるために、多くの「リベラル派」がするように、これまで培われた物象システムを持ち出すことは、なるほど一定有効だし必要なことであろう。例えば、人権や法の支配や労働基準や公平性原理などである。

しかし、ポピュリズムの隆盛は、コントロール不能な物象への反発、ことに、エリートがこれ以外なし得ないと言って「客観」と称するものを押し付けてくることへの反発を動因としている。この場合も同様な「上から目線」の姿勢で、これらの原理がそれ自身として根拠を持っているかのように持ち出したならば、反発の火に油を注ぎ、右派ポピュリズムを一層隆盛させることになろう。

それゆえ物象を一部の人為で乗り越える道に対する対案は、図1や図2の中段から下段への移行、すなわち、物象を一部の人為ではなく、**万人の人為**で乗り越えるマルクスの展望した道以外にはない。それは、暴れ回る経済への民衆の民主的コントロールを実現するとともに、ポスト冷戦期に失われた**政治過程に対する民衆の民主的コントロール**を取り戻す道である。それが今、世界で左派ポピュリズムが目指していることなのである。

これに対して、物象ルールの価値を相対化して民主主義の比重を過度に高めると、ナショナリズムの扇動が勝利して右派ポピュリズムが伸びるだけだとする批判もなされよう。これへの応答としてはまず、それこそルールの工夫の問題というところがある。例えば、(一定の個人得票を得た)主要な諸民族の候補者をすべて偏りなくそろえたリストの間で比例代表選挙が行われ、当選後も主要な諸民族の議員をすべてそろえていない会派は議席配分を失うようにすれば、もっぱら階級的争点で選挙戦がなされることになろう。居住地域ごとにアイデンティティが分立している場合は、各地域の投票総数の全体に対する比率を指数として加重した、各地域における得票率の**積**に比例するように議席を配分すれば、特定地域に偏した主張が多数をとる危険は免れ得る。

しかし制度論を離れて、運動を作る側の問題としては、グローバル資本主義のもとでの人々の不安や苦しみに応えるという点で、いかに右派ポピュリズムよりも魅力的な方針を示せるかということが重要である。冷戦後のグローバル資本主義の時代は、物象の暴力によるとは言え、人々のあいだの依存関係をますます普遍的なものにした。よってこの厄災から解放されるためには、闘い自体もまた普遍的なものになるほかない。

例えば、外国の労働者が自分達よりも賃金や安全基準などが低かったならば、工場がその国に出ていったり、その国の安い製品との競争に負けたりして、自分たちの雇用が脅かされ、職を守るために賃金の抑制などを飲まざるを得なくなる。国内の非正規労働についても同じである。すべての労働者が国や民族や性別を超えて、「底辺への競争」に駆り立てられている現在、脱却の道は、すべての労働者が国や民族や性別を超えて、団結して境遇を底上げしていくほかない。

つまり、人権や法の支配や労働基準や公平性原理などの、これまで抽象的物象の原理であったものは、物象のまま「上から目線」で押しつけるではなく、その内実がすべての民衆にとって**得であり、生活が改善されるのだ**という納得感によって、合意を取り付けていかなければならないのである。「底辺への競争」という厄災によって形成された**民衆の利害の普遍化を、民衆の意識的合意によって救い出す**ということである。これは右派ポピュリズムにはできない。

2020年の拙著『左翼の逆襲』(講談社)の第3章では、近年の欧米で見られる左派ポピュリズムの動きを「レフト3・0」と名づけ、その主張を紹介している。特に欧州において特徴的なのは、彼らはＥＵの現状について、右派ポピュリズムに劣らず批判的なのだが、しかし反ＥＵというわけではないことである。そうではなくてＥＵの民主化を主張しているのである。

また、権威主義体制で人権や労働運動が抑圧されて実現された人件費抑制のために、人権や労働運動が守られた国で工場が出て行ったり国際競争に負けたりして雇用が脅かされることは許されないので、彼らは人権の保護状況を国際機関加盟の条件にしたり、国際協議で労働運動の自由について留意するように求めたりしている。つまり、発展途上国の権威主義体制のもとで抑圧と闘い、民主化を求める民衆と、先進国の民衆が、階級的共通利害のもとで連帯することを追求しているわけである。

6—4　とりあえず物象を立てて大枠で民主的コントロール

さて、マルクスの展望同様、資本制特有の物象の自立を民主主義の原理によって万人の合意によるコントロールへと変えていくとしても、今日全社会的に市場物象を廃して、事前に民主的に合意された意識的労働配分に変えることは、予想可能な将来のかぎりは不可能だろう。社会的依存関係がいまや全地球を覆い、人々の多様性も進んでいる中で、今日の人類の情報処理能力は当分その課題に耐えられない。

もちろん、地域レベルや、公正貿易のネットワークなどで、現在の人々の手の届く範囲で人々の事前的合意による生産コントロールに乗り出すことは重要なことである。とりわけてそのネットワークの中に労働者や利用者が民主的に経営する事業体を組み込んでいくことは資本制的生産関係を直接に変革していくことになる。

しかし、今日のグローバル資本主義が作り出した社会的依存関係の中にあっては、そうした下からのアソシエーションのネットワークは、どんなにがんばっても当分長い間はごく一部を占めるにすぎないだろう。全体コントロールの課題に背を向けるかぎり、グローバルな市場物象が無制約に暴風を吹かせる中では、何度でも散り散りに吹き飛ばされてしまうことは必定である。

しかし他方で、今日の情報処理能力の限界の中で、巨大で複雑な全体の依存関係を人為的にコントロールしようとしたならば、結局民主主義など空洞化し、一部の人為によるコントロールになってしまうことも非常に現実的な危険である。むしろ右派側からこの一部の人為によるコントロールの路線が提起されて、他に対案がないために大衆に選び取られる危険に対処しなければならない。

一部の人為による、事前に予想できない裁量的コントロールよりは、人為が効かないがゆえに公平な物象のほうがましである。結局われわれの当分の間のマクロレベルの課題は、物象をとりあえず立てておきながら、それが民意を離れて暴走しないように、大枠で民主的にコントロールすることである。1つは、商品生産関係と市場を認めながら、市場法則を利用して、民意を反映した総労働配分を大枠で実現すること。そして、市場があるならばそれに照応して必然となるルールとしての国家を、一部の人為の裁量ではなく、**選挙を通じた事前の民主的ルール選択によってコントロールする**ことである。

裁量的に動かせないルールを立てるということは、「立憲制」を容認するということだから、これは「立憲制」の反対概念としての「独裁」ではない。ということは民主主義も、まだ機敏・万能ではないということである。資本制に本来は対応する立憲制を、大枠としての民主主義を対向原理として使って、労働者階級のニーズにそったものへと、可能な限りコントロールするということである。

6—5　中央銀行を民主的コントロール下におく

では、私有財産制を実質的に侵食しないわけにはいかないマクロ総労働配分の公的コントロールを、国有指令方式によらず、立憲的制約と市場を残した中でどのように可能なのだろうか。そこで、先進資本主義国のリベラル・デモクラシー体制のもとでも、民主的統制に服させず、物象としてブルジョワジーのもとにとっておかれた聖域が鍵になる。欧州の左派ポピュリズムは、欧州中央銀行を欧州議会の民主的コントロールのもとにおくよう主張している。この課題はＥＵにおいてはたしかに前述のとおり差し迫ったものであるが、本質的にはすべての国に共通している。

現代の資本制的生産では、貨幣供給は、個々の私企業の資本蓄積のための貸付に私銀行が応じる時に信用創造されて私的分散的になされる。中央銀行の通貨発行は、平常時はそれを追認し、金融危機時には経済の崩壊を防ぐために金融ブルジョワジーの判断の誤りの尻拭いをするためになされる。まさしく裁量的人為が働く余地のない物象である。

しかし、経済が成熟して資本蓄積が停滞すると、これでは経済に必要な実需をもたらす貨幣供給がなされなくなる。大量失業とバブルを防ぐには、政府への貸付によって貨幣が供給されざるを得ない。先進国に共通する公的債務の拡大として現象しているこの必然法則を、歴史の役割を終えた通貨制度から救い出し、そこに合理的形態を与えるものが、中央銀行を民主的コントロールのもとにおいて、民意を反映した公的目的のために通貨発行を使うことである。

すなわち、通貨発行の限度となる基準と、公的に資金を出して拡大させるべき分野のガイドラインを、選挙における争点とし、その民意を反映した議会のもとに通貨当局をコントロールして、資金の力で生産手段の蓄積を誘導する。それにより、過剰なインフレを起こさない十分な雇用水準の維持と、人々のニーズに基づく大枠としての総労働配分を実現するのである。

こうした過程は、さしあたって資本制的生産関係が存在する中で始まるのだから、労働者階級の利益がこれによってただちに満たされるわけではない。しかし、政治や経済の自然発生的動揺を通じて長期平均的にしか物象に影響を与えることができなかった労働者の階級闘争が、拡大させるべき産業分野や、インフレ抑制と雇用拡大の優先度の度合いや、その他の労働や環境などのルールの基準の高さ等々が選挙の争点となることによって、クリアに意識されて物象に影響することができるようになり、その闘争の進捗と資本制的生産の変革の度合いについての明瞭なバロメータが得られることになるのである。

おわりに

前述の2014年の拙著『ケインズの逆襲 ハイエクの慧眼』では、あとがきで、本文の中ででてきなかったおふざけと称して、近未来に現れる三大政党の仮想マニフェストを示している。小さな基準政府で資本側の「自由ライダー党」、大きな基準政府で労働側の「人民戦隊党レッド」、大きな裁量政府の極右「ウルトラの党」である。本稿の言い方では、それぞれ、放置された物象の支配、物象の民主的コントロール、一部の人為による支配ということである。

本稿の結論をふまえて今の世界を見ると、本当にこの三方向に政治勢力が分かれそうである。ただ、当時は「自由ライダー党」は保守メインストリームと思っていたが、実際にはリベラル派もこの位置に入りそうである。また、当時は「ウルトラの党」は比較的異端勢力であって勝っても一時的なものと思っていたが、実際には諸雑派だけでなくてメインストリームもこの位置に加わり、歴史の有力なオプションになりつつある。我々は、かつてファシズムとスターリニズム、そして帝国主義世界戦争に向かった道を、高次元で再現するのであろうか。

参考文献

レオ・F・グッドスタット『香港　失政の軌跡―市場原理妄信が招いた社会の歪み』白桃書房、2021年。

太子堂正称「ハイエクにおける「立法者の科学」」(『京都大学経済論叢』第176巻第5・6号、2005年)。

ハイエク『自由の条件』(『ハイエク全集』第6巻、春秋社、1987年)。

ハイエク『法と立法と自由』(『ハイエク全集』第8巻、春秋社、1987年)。

ハイエク『隷属への道』(新版『ハイエク全集』第I期別巻、西山千明訳、春秋社、新装版、2008年)。

藤田暁男『国民経済と独占の構造』ミネルヴァ書房、1983年。
松尾匡『近代の復権』晃洋書房、2001年。
松尾匡『ケインズの逆襲 ハイエクの慧眼』PHP研究所、2014年。
松尾匡『左翼の逆襲』講談社、2020年。
松尾匡『コロナショック・ドクトリン』論創社、2022年

この章は、2023年1月に経済理論学会の学会誌『季刊経済理論』第59巻第4号に掲載された拙稿、「『資本制＝物象の支配』を変革するためのものとしての民主主義」を、ほぼそのまま再掲したものである。

第2部

21世紀の『帝国主義論』

第6章　21世紀の『帝国主義論』

プロローグ

２０２４年1月29日、１９７５年に起きた東アジア反日武装戦線の連続企業爆破事件の被疑者である桐島聡が胃癌で死去した。48年余の逃亡生活の果てに病床で名乗り出た4日後だった。

事件が起こされた時代は、日本企業のアジア諸国への進出が俄然始まった時代だった。そこで進出企業を日本帝国主義のアジア侵略の担い手とみなして、テロの標的にしたのだった。たまたまその場にいる一介の労働者をも侵略の加害者としてテロの犠牲に巻き込む発想は、全く誤ったものであったが、この時代はそのような発想が生まれることが不思議ではない条件があった。

当時筆者は小学生だったのだが、低学年の頃、「愛の戦士レインボーマン」という特撮ヒーローもののテレビ番組にはまっていた。この敵側の団体は、「死ね死ね団」という外国人の組織で、そのリーダーの「ミスターK」は、第二次大戦で家族を日本軍に皆殺しにされた経歴とされている。

彼は、1970年代になって、日本企業が世界進出を始めたのを見て、また世界が日本に侵略されるとの危機感で、日本人を地上から殲滅するために「死ね死ね団」を創立したという設定だったと記憶している。小さな子どもにはなかなかに衝撃的な設定だった。

当時は、アジアに企業が進出すると言っても、そのせいで日本から製鉄工場が消えてまるまる移転するなどということはなかった。日本が最先端の工業製品を生産し続けて世界に売り続けることを疑う余地はなかった。日本の庶民は、インフレに文句を言いながら、今日より明日、明日より明後日と、暮らしが豊かになり続けることを当然のことと信じていた。

しかしやがて、アジアに進出している日本の大企業の建物の、外部者が容易に爆弾を取り付けられそうな場所の近くで、一番働いていそうな一介の労働者をつかまえて、侵略の受益者扱いするなどということが、**とほうもない的外れと誰もが感じる時代**がやってくるとは！――この時の桐島たちにも、レインボーマンの作者にも、思いもよらぬことだっただろう。

1　レーニン『帝国主義論』の帝国主義規定

「帝国主義」とは通常、強国が、他の国や、異民族居住領域を支配することを指す言葉として使われるが、それだけのことならば、古来歴史上、ローマ帝国からイスラム帝国、モンゴル帝国等々と、枚挙にいとまがない。それでは現代社会を分析する上でほとんど得ることがない無概念な言葉になってしまう。

では現代資本主義システムを批判的に分析しようとする立場の者にとって、この言葉が何か有効な分析をもたらす概念たり得るだろうか。もしそうだとすると、それはどのように概念規定すればいいのだろうか。

従来そのような問題意識を持った論者の多くはマルクス主義の論者であったが、彼らはたいてい、レーニンの『帝国主義論』の概念規定に則ってきた。それは、第一次世界大戦前夜の帝国主義を観察して作られたものである。

では、『帝国主義論』では、帝国主義はどのようなものとして描写されているだろうか。同書の章構成におおむねしたがって整理すると次のようになる。

① 最も発達した工業国の資本主義経済は、資本の集積が行き着いた結果、各産業がごく少数の巨大な独占資本に牛耳られるようになった。これによって、19世紀のマルクスが観察した自由競争の資本主義ではない、新しい段階の資本主義（後年「独占資本主義段階」と呼ばれた）ができあがった。

② これにともない、銀行は、かつての産業資本の「控えめな仲介者」から、「全能の独占者」に転化し、独占化した産業資本と癒着して、経済を支配する「金融寡頭制」を形成する。

③ 莫大な独占利潤の有利な投下先が工業国自身の中になくなるので、過剰資本が生まれる。そこで、まだ資本蓄積が進んでおらず利潤率が高い開発途上の地域に**「資本輸出」**する。つまり、19世紀の工業国が開発途上の地域に進出するのは商品の輸出のためだったが、この時代

は**生産活動に投資するため**になる。

④各国の独占資本は、資本輸出先を確保するために互いの勢力圏を分割する。そして独占資本と結びついた列強各国は、その勢力圏を植民地として、世界中を分割しつくす。

⑤新興工業国の独占資本の蓄積が進み、新興の帝国主義として台頭すると、既存の帝国主義国の相対的力が低下する。すると、既存帝国主義によって分割されつくした勢力圏秩序に対して、新興帝国主義が勢力圏の再分割を要求して割り込む「帝国主義再分割闘争」の時代が始まり、それは世界戦争に至る。

⑥独占資本は、植民地から得られた膨大な独占利潤によって労働者階級の上層を買収し、**「労働貴族」**を形成させる。これが、後年「社会民主主義」と呼ばれる、体制内改良勢力の基盤になる。

⑦生産から切り離されたごく一部の金利生活者が、莫大な不労所得を得て暮らすようになり、資本主義経済は寄生性と腐朽を深める。

2　レーニンが20世紀になってからの特徴で帝国主義規定したわけ

このようなレーニンの帝国主義規定によれば、帝国主義というのは、20世紀の独占資本主義段階以降に特有のものということになる。『帝国主義論』では、19世紀の自由競争的な産業資本主義時代のイギリスでは、脱植民地化が志向されたとされているくらいである。[*1]

それに対して後年、有名なところでは、**自由貿易帝国主義論**が対置されている。19世紀のイギリスでも帝国主義はあったとするもので、あからさまな植民地化や直接の支配のほかに、「非公式帝国」すなわち、植民地化までは至らない実質的な支配があったとされる。公式に植民地支配すると費用がかかるので、まずは、不平等条約などを使って自由貿易を押し付けるのだが、それがかなわない時にはじめて、直接支配した上で自由貿易するということである。

しかし、レーニンがどんな問題意識から現実分析するために彼の帝国主義概念を打ち出したのかを考えれば、この指摘はレーニンの議論と排反の関係にあるわけではないことがわかる。というのも、『帝国主義論』執筆当時のマルクス主義陣営では、植民地の維持を唱えることや多民族の大領域国家の解体に反対することは、必ずしもマルクス主義に反する立場とはみなされていなかったのである。

そもそもマルクスは、イギリスによるインド支配を歴史の進歩として評価していた。イギリスの支配によって資本主義経済発展の前提条件が作られたという、あくまでその理由のもとで、インドの独立を支持する議論をしていたのである。[*2] 青年期の『共産党宣言』のいわゆる**「資本の偉大なる文明化作用」**の記述に見られるように、発達した資本主義経済が世界に広がって非資本主義世界を傘下に組み入れていくことは、社会主義の前提条件を作るのに欠かせない進歩的なものとみなされていた。

レーニンと同時代では、ローザ・ルクセンブルクや、オットー・バウアーといったマルクス主義の論者（決してレーニンの言う「日和見主義」の社民勢力に与する存在ではなく、革命的立場を維持していた）が、ロシア帝国やオーストリア帝国の領域を維持することを主張して、ポーランド人などの域内諸民族が独立することに反対していた。

このような中で帝国主義反対の論陣を張ろうという時、レーニンは、なぜマルクスの時代には進歩的とされた資本主義国による前資本主義世界の支配が、自分たちの時代にはそうでなくなったのかを示す必要があったのだ。

（話の前提として理解しておかなければならないことには、当時のマルクス主義者は、生産力の発展にかなうように社会体制が変遷するとする、いわゆる「唯物史観」の見方に基づき、生産手段をバラバラに私有する資本主義のしくみは、そのもたらした巨大な生産力の障害となったので、国有化して大きく管理して生産力が存分に発展できるようにする時代がきたとの認識で、社会主義への移行を根拠づけていた。）

3　商品輸出のための進出は「偉大な文明化作用」

自由貿易帝国主義論が示しているのは、19世紀のイギリスが力ずくの対外進出をしたのは**商品輸出**するためだったということである。我が国の資本家たちに障害なく自由に商品を販売させろ、商売敵たちと比べて不公平なことをするなというのが、そこでの圧力の眼目なのだから、**権力の恣意に歯止めをかけ、西洋世界と共通のしくみの取引ルール**（自国にとって有利な内容だとしても）に服せしめる志向を持つ。

ルクセンブルクによる眼前の帝国主義への認識も同様の**商品輸出市場モデル**だった。資本主義が発展すると、生産の拡張はますます高まるのに対して、市場の拡張度合いは逓減していく。この市場制限を突破するために、まだ商品生産にとらえられていない社会を商品販売市場に巻き込む必要が出てくる。しかし一旦資本主義にとらえられたならばそこでも資本主義的生産が起こってくるために、またも生産が拡張し、やがて市場制限に陥る。かくして永遠に新しい市場を求めて、前資本主義世界を飲み込み続けなければならなくなる。このような説明である。[*3]

これは、若きマルクス、エンゲルスの『共産党宣言』が描写する「資本の偉大なる文明化作用」そのものである。市場の制限を突破して生産力が発展し続けることは、マルクス主義のいわゆる「唯物史観」の立場に則って歴史の進歩である。このプロセスの結果として、新たに資本主義に取り込まれた社会にも、本国と同じ種類の資本主義的生産が起こってくることになっている。そして本国と同じ労働者階級が生み出されるわけだから、マルクス主義的必然法則として、彼らがみな手を取り合って革命に乗り出すことになる。分離などあり得ない。当時のマルクス主義者の認識からは、当然このように評価される。

4　資本輸出だから歴史の進歩ではなくなる

レーニンは、同じ当時のマルクス主義者のいわゆる「唯物史観」の立場に立ちながら、このルクセンブルクらの議論を否定するために、19世紀の自由競争の時代とは違うと言う必要があったのである。商品輸出ではなくて**資本輸出**の時代になったのだ。**販売拠点ではなくて生産拠点のために進**

出するということである。敷衍して言えば、質的にも量的にも深い進出になる。だから、進出した自国資本を防衛するために、軍事的にも恒常的に進出して支配するようになったのだ、というわけである。

レーニンに言わせれば、列強本国でも農業の発展と大衆の生活水準の引き上げの余地がまだいくらでもある。だからそのために投資すれば過剰資本などは生じない。[*4] ところがそれでは利潤率が低いのでそんな投資はせず、かわりに対外投資するのだから、この構図は、列強本国での生産力のいっそうの発展の妨げになっていることになる。

それどころか、帝国主義の結果の膨大な搾取によって、生産から切り離された金利生活者が羽振りを利かすのだから、それは、生産力の発展の桎梏へと成り果てた、資本主義の最後の段階だということになる。[*5]

5　レーニンの暗黙の前提——宗主国での代替困難な複雑労働力

しかし、資本輸出といっても、最新の工場をどんどんと進出先に建てていくならば、その進出先の社会にとっては生産力の発展になるのではないか。膨大な独占利潤の一部で労働者の上層を買収して労働貴族を作ると言っても、そんなコストをかけるくらいならば宗主国本国の労働者を雇うのをやめて、植民地・従属国だけで生産すればいいではないか。

『帝国主義論』第6章では、独占資本は独占の力を強固にするために、あらゆる原料資源を一手ににぎろうとして植民地を求めると論じられている。[*6] どうやらレーニンの暗黙の前提は、植民地・従属国には鉱山やプランテーションのような原料資源を生産する事業ばかりが進出し、本国で営まれるような高度な工業に投資することはないということだと考えられる。この暗黙の前提は、どのように根拠づけられるだろうか。

『帝国主義論』では、自由競争的資本主義から独占資本主義への転化は、自由競争資本主義における資本の集積・集中の法則が必然的にもたらすものと説明がされているが、宇野弘蔵はこの基礎に、**繊維産業から重工業への技術的構造の転換**を指摘した。鉄鋼業のような巨大な装置を必要とするようになったことに、独占資本主義形態の根拠を見たのである。

さらに筆者は、２００１年の拙著『近代の復権』において、『資本論』時代の繊維産業が単純労働で担われたのに対して、重工業は**複雑労働力**、すなわち特別に訓育された熟練技能を必要とすることを、最も重要な要因として指摘した。

重工業が必要とする複雑労働力が、植民地・従属国では入手できないために、資本輸出は近代工業部門ではなく、もっぱら鉱山やプランテーションのような部門への投資としてなされるわけである。それは、現地の**前近代的な地主制や君主制で管理可能**であり、そのような**前近代的なくびきで労働者の反抗を抑圧することが、独占資本にとって利益になり、積極的に利用される**。すなわち、「資本の文明化作用」とは逆のことになる。現地の産業発展はこれによって阻害され、いわゆる「唯物史観」的にも歴史の進歩に逆行することになる。

複雑労働力は取り替えが容易に効かないので、独占資本としては彼らの労働組合運動に対して譲歩せざるを得ないし、社会改良の要求にもある程度応えないわけにはいかない。独占価格での儲けと帝国主義的搾取で余裕があるので、譲歩が可能である。複雑労働力の再生産（補修）が資本側にとっても必要だからこそ、公教育や公医療が保障される。これが、いわゆる「社会民主主義」の発展の根拠であり、レーニンから言わせれば、**労働貴族の形成と、社会主義運動内の「日和見主義」の発生**になるわけである。

そして、植民地や従属国の労働者や農民が低賃金で労働条件が悪いほど、独占資本は大儲けできて、本国の複雑労働者に譲歩がしやすくなる。なので、それは**本国の複雑労働者階層にとっても利益になる。**燃料や食料が安く手に入るという点でも利益になる。勤労者の両階層は競合せず、補完関係にあるので、植民地や従属国の労働者や農民がどれだけ低賃金だったとしても、本国の複雑労働者は取り替えの圧力を受けないので平気である。メリットしかない。だから、勤労者全体の中で利害が対立し、分断が起こる。

それゆえ、そうした分断を超えた労働者階級全体の普遍的利益にたった運動の方針は、**現実の労働者階級の実感の外に超越した疎外態**として作られ、外から運動にもちこまれることになる。これがレーニンの外部注入論、前衛党エリート論の物質的根拠だと考えられる。ルクセンブルクがこれを批判して、労働者階級の自然発生性を信頼できたのは、前述のように、資本主義把握が自由競争時代のままにとどまっていたからだと理解できる。

すなわち、資本主義世界の非資本主義世界への進出について、「資本の偉大なる文明化作用」的把握が成り立つのは、単純労働者が担う繊維産業中心の自由競争時代における「商品輸出のための進出」の場合であり、レーニン的帝国主義把握が成り立つのは、複雑労働者が担う重工業が中核となった独占資本主義時代における「資本輸出のための進出」の場合だと整理できる。

※なお、山之内靖の『マルクス・エンゲルスの世界史像』（未来社、初版1699年）以来、後期マルクスに、『共産党宣言』的世界史像からの転換があったとの議論が絶えない。特に、当時イギリスの植民地であった隣国アイルランドに着目し、アイルランドからの搾取でイギリスの労働者階級の上層が買収されて革命性を削がれているので、アイルランドの独立がイギリスでの革命の必要条件になっているとの認識に到達したことが契機だとされる。彼のような見解からすれば、「資本の偉大なる文明化作用」的把握自体がマルクス自身によって乗り越えられたものとして相対化すべしということになろう。

これについては、拙著『近代の復権』第4章で検討している。紙幅の関係上、詳細は同書の参照を請うが、簡単に言うと、資本主義の発展が社会主義の条件を作るという見方において重要なのは、単に生産物の種類や生産量が増えるといった意味での生産力の発展だけではない。社会関係を媒介する抽象物が、貨幣や資本のように、具体的な個々人の営みからコントロール不可能な疎外態として自立して一人歩きする理由は、生産する諸個人の間が互いに特殊なものに差異化されて分断しているからだというのがマルクスやエンゲルスの根本的な見方である。資本主義の発展は、本質的には、人々の間のこの差異をなくして共通化、普遍化させる。それが資本主義を超えて社会主義が可能になる条件（生産する諸個人が社会関係を合意でコントロール可能になる条件）だというのが基本的な認識なのである。しかし、資本主義は、短期的現象的には、逆に人々を互いに特殊なものに差異化する一面もある。その一例として、アイルランド問題は把握されていると解釈できる。

それゆえ、社会主義を、社会関係の、諸個人の自由な合意によるコントロールととらえるかぎり、「資本の偉大なる文明化作用」的把握は、それが可能になるとする認識のコアにあるもので、長期本質的にはマルクスの認識から廃棄されたものとみなすわけにはいかない。

レーニンの場合は逆に、独占資本主義のもとで労働者階級が差異化した現実が主要な課題だったために、諸個人の自由な合意によるコントロールとして社会主義をとらえるビジョンはあり得ず、国有中央統制モデルになったものと思われる。

6　第二次世界大戦後からの帝国主義の性格の変遷

以上の整理をもとに、その後の展開を次の三段階にわけて検討しよう。

①第二次世界大戦後1970年代ぐらいまでの国家独占資本主義期
②1980年代から移行し冷戦後確立した新自由主義期
③近年できつつあるポスト新自由主義期

いずれも、発展途上国に対する「資本輸出のための進出」が見られ、進出資本防衛のための軍事支配の志向も見られるという点では、レーニン的意味で帝国主義が持続していると言えるのだが、中核的産業の基礎的技術の性質に起因する、**代替の効かない複雑労働者にどの程度依存するのかの**違いによって、その性格が異なってくることになる。

7　アメリカが投資秩序を守るレーニン型帝国主義

第二次世界大戦後、１９７０年代までの、いわゆる国家独占資本主義期では、基本構造はレーニン型帝国主義と同じだった。すなわち、先進国では、複雑労働者が担う重工業が中核で、発展途上国には、主に鉱山やプランテーション、せいぜい軽工業部門を対象にして、資本輸出がなされた。先進国の重工業を担う複雑労働者は、どれだけ発展途上国の民衆の搾取がひどくなっても取り替えられることはなかったので、発展途上国の民衆からの強搾取で独占資本が膨大な利潤を上げるもとで、賃上げその他の労働条件の改善や、社会保障・社会サービスの充実を享受することができた。

レーニン時代と違うのは、特定の先進国のあからさまな植民地という形は、独立国の形式に形を変え、西側ではアメリカが、圧倒的工業力で俄然資本輸出していることを背景に、一国で世界中に軍隊を展開して、これらの諸国の投資秩序を維持する任にあたったことである。イギリスやフランスが多少それを補完することがあったとしても。

この時代には、アメリカはじめ先進国は、**資本輸出先の独裁政権や抑圧的慣習を利用していた。**これによって労働運動などを抑圧し、低い賃金や長時間労働、危険な労働条件を享受していたのである。それに反対して革命が起こったら、アメリカ政府が後援するクーデタや、最終的には直接の軍事介入によって、再び独裁政権が据えられて民衆の運動は弾圧されるのが常だった。チリのピノチェト将軍のクーデタは有名であるが、同様の例は、韓国でも東南アジアでも、世界のあちこちで見られた。

このように多くの発展途上諸国は、第一次産品の供給源として脱産業化されたために、先進国の経済発展の代償でこれらの諸国が貧困化したとする**「従属理論」**が多くの論者の支持を集めることになった。そして、このくびきを脱して自立的な工業化を志した多くの諸国にとっては、イデオロギーとしてのマルクス＝レーニン主義を取り入れるかどうかにかかわりなく、ソ連型の国有中央司令経済が開発モデルとなった。その成功例は結局皆無だったが。

もっとも、当のソ連は、中央アジアに綿花モノカルチャーを押し付けて搾取して現地人の健康と自然を破壊するとか、キューバに（交易条件は世界価格よりも現地側に有利とはいえ）砂糖モノカルチャーを押しつけるなど、西側と対立する別種の帝国主義列強として振る舞った。

8　複雑労働力不要化で「底辺への競争」の新自由主義時代

これが１９８０年代ぐらいから様相が変わってくる。ＭＥ（マイクロエレクトロニクス）革命や、さらにのちのＩＴ革命と呼ばれる技術革新によって、コンピュータやロボットの導入が進み、家電製品や自動車や鉄鋼など、**以前は先進国の複雑労働者にしか生産できなかった製品が、発展途上国の**

単純労働者によって生産できるようになった。こうして先進国の資本が進出した発展途上国が急速な工業化をとげ、世界に輸出品を売って経済発展する姿が見られるようになった。

このような発展が、当時ＮＩＣｓ、後にアジアＮＩＥＳと呼ばれた、韓国、台湾、香港、シンガポールで見られ、まもなく韓国と台湾は先進国の仲間入りをすることになる。そしてそれが、中国へ、アセアンへと拡大していった。このような状況に直面して、「従属理論」は消え去っていった。

こうしたことの結果、資本輸出先が、**先進国の雇用や生業と競合するようになった。**進出先で低賃金やその他の労働条件が悪くて、高い搾取が可能だということになると、生産拠点の移転や廉価品の輸入による競争で、先進国の労働者にも搾取強化圧力がかかる。もはや多くの労働者は「労働貴族」たり得ない。

これは、同時期に推進された新自由主義にとって、強力な武器になった。労働組合に守られた製造業は空洞化で衰退し、残ったのはサービス業の低賃金で不安定な雇用ばかりになった。製造業に残された人たちも、賃上げすると国際競争に負けるし、工場が海外に出ていくという恐れの前に、資本の前に屈服せざるを得なくなっていった。こうして**労働条件が世界中で切り下げられていく「底辺への競争」**に陥ったのである。

９　「資本の偉大なる文明化作用」の側面

しかしこれは同時に、発展途上国の政権が独裁政権で、あまりに労働運動を弾圧して低賃金産品をダンピングしてくると、先進国で雇用や生業の危機が起こるので、集票を気にする政治家にとって課題にとらえられることを意味する。それに、すべての資本が海外進出しているわけではなく、もっぱら国内で事業している大資本も多少はあるだろう。そうした資本にとっても、この事態は脅威である。だから、70年代までとは一変して、**欧米先進国は、途上国に一定の民主化、人権擁護の圧力をかけるようになった。**86年の比エドゥサ革命、87年の韓国・台湾の民主化、89年のチリのピノチェト退陣といった体制変革をもたらしたアメリカの圧力はその嚆矢だった。

それだから、70年代までと同様に**自国と雇用競合を起こさない一次産品輸出国に対しては、独裁容認になる傾向**があるのである。例えば、専制君主国サウジアラビアに対する従来のアメリカの対応を見ればよい。ロシアのプーチン政権は、チェチェンで行った弾圧など、クリミア危機以前から、中国よりも公然とした血の弾圧をしていたものだが、欧米の対応は中国に対するものと比べると甘かった。これもロシアは欧米にとって、一次産品輸出国の側面が濃かったことの表れであろう。

なお、この時代、欧米以外の国も、周囲の相対的に経済が遅れた国に資本輸出するようになっていったが、これらの国は多くの場合、自国民からの集票を気にしなくていい独裁政権なので、進出先国の人権抑圧政権を肯定する傾向がある。進出先国の労働運動などから投資秩序を守るメリットの方が上回るのである。ロシア自身もそうである。カンボジアやミャンマーに対する中国政府の態度もその典型である。自民党の与党支配が安泰な日本政府も、欧米と比べて、ミャンマーなどのアジアの独裁政権に親和的である。

それゆえ、この時期からの欧米政府による発展途上国に対する民主化・人権擁護圧力は、ナイーブに真に受けるのも間違っているが、帝国主義的下心を隠す心にもない口実とだけ受け取るのも間違っているのだ。途上国の労働者の境遇が改善されることに一定のメリットを見て、それを真剣に追求する動機を持っていることに、疑いはないのである。これに安易に反発することは、先進国からの進出資本や現地資本や現地権力者の側に立って、その搾取と支配に苦しむ現地労働者を裏切ることになるし、先進国労働者が国際的な「底辺への競争」に巻き込まれることを後押しすることになる。欧米の圧力の、ご都合主義的な不徹底性、二重基準、欺瞞の数々は批判すべきだが、**こうした変革自体は、先進国、途上国双方の労働運動にとって有利になる条件を作る。**

さらにこの時代に言えることは、アメリカの力が圧倒的で、アメリカ軍がリードして世界中の投資秩序の維持にあたる構図が、依然衰えることなく、かえってソ連圏の崩壊によって強化されたことである。そのうえ、WTOのような国際機関が、世界的な共通の取引のルールを司るようになった。国家主権を超越したEUのような共同市場秩序の枠組みも見られるようになった。これらは、19世紀のイギリスがアジアなどで押し付けたように、各国政治権力の**恣意的な裁量に縛りをかけるもの**である。

これは、複雑労働力存在の制約から解き放たれた「資本輸出」の活発化によって、投入・産出のサプライチェーンが世界中に拡大したことで、各国相互の**「商品輸出」**もまた、世界的に拡大・活発化したために、**その取引秩序の統一へのニーズ**が必然的に招来したものである。

すなわち、「資本輸出」の活発化にともなう投資保護を求めるレーニン帝国主義的な側面とともに、複雑労働力不要化にともなう先進国・途上国双方の労働者の競合と、「商品輸出」のルールの世界的統合の必要に駆動された**「資本の偉大なる文明化作用」の側面**という、両方の側面を、この時期の拡張政策は持っていたと言える。この場合、この動きによって作られた世界的な結びつきそのものに反対するのではなく、これによって生み出される労働者の世界的連帯によって、資本主義的抑圧を乗り越えていくことが、適切な対抗運動だったであろう。

10　地域帝国主義分立の時代へ

しかし、２００８年のリーマンショックで新自由主義政策への信頼が地に落ちて、これに対抗する左右のポピュリズムが世界をおおうようになって以降、**次の段階への移行が始まった**。それがコロナ禍とウクライナ戦争を契機にして、我々の前に姿を現しつつある。

この基礎にあるのは、かつてのアメリカの圧倒的力が今、相対的に衰えた裏面で、地球の各地域の相対的大国の資本蓄積が国内市場では行き着いてしまい、周辺の国々への資本輸出を活発化するに至っている現状である。それを背景にして、各地域における相対的大国が、地域覇権を目指して周辺の相対的弱小国を勢力下に置こうとする動きが見られる。

これは、レーニンの『帝国主義論』が第一次大戦前夜に描写した世界に似ている。新興帝国主義国の台頭によって既存の帝国主義国の相対的力が低下した時、既存帝国主義による勢力圏秩序に対して、新興帝国主義が勢力圏の再分割を要求して割り込む「帝国主義再分割闘争」の時代がきたという、あの世界に。

11　ドイツ第四帝国と化したEU

例えば、EUの現状を見てみよう。EUの中でも、ユーロ圏諸国は、ドイツにとって現地通貨価値が下がらない永遠の輸出市場となった。

もしユーロシステムがなければ、対独貿易赤字を膨らませる国は、対マルクの自国通貨が下落し、国内産業が自動的に対独競争力をつけていく。だからいつまでも一方的にドイツの輸出市場であり続けることはない。固定為替相場制にしても、どこかで必ず通貨価値の切り下げが起こって貿易収支が調整される局面がやってくる。

ユーロシステムのおかげで、そのような心配なく、いつまでも一方的にドイツが輸出し続けることができるようになった。90年代のシュレーダー改革によって雇用流動化を実現したドイツ資本主義は、抜群の国際競争力を手にし、ユーロ圏諸国への怒涛の輸出で発展を遂げることになった。

とりわけ南欧は草刈り場となった。あらゆる産業がドイツ製品に負けて売り物がないために、必然的に借金でドイツ製品を買わせることになる。だから債務危機は起こるべくして起こった。その典型であるギリシャでは、ドイツ政府は緊縮政策を押し付け、民営化で国の資産を身ぐるみ剥いでいった。その結果、大量失業や、社会保障・公衆衛生の崩壊に見舞われたギリシャの民衆は、多くの人命が失われる「人道危機」に陥った。この一連の事態は、筆者も共訳者に加わったヤニス・バルファキスの回想録『黒い匣』（明石書店）に詳しい。筆者は同書の邦訳タイトルをめぐる議論に際して、半分冗談半分本気で、「EUナニワ金融道」と提案したものである。

他方、EU内非ユーロ圏となった旧東欧諸国は、ドイツ資本が怒涛の進出をして、安い賃金と通貨価値低下によってドイツに低廉な生産手段を供給する生産基地と化した。

かくして、ドイツ一人勝ちとなったEUは、巷で「ドイツ第四帝国」と呼ばれるに至っている。ロシアのウクライナ侵略もまた、第8章で見るように、この一環と見ることができる。次章で見るように、日本資本主義もまた、東南アジアなどへの怒涛の資本輸出の先に、それらの国々での投資秩序を守るための地域帝国主義を志向しつつある。現在同様の動きは、中国やインド、トルコ、オーストラリア等々、各地域の相対的大国で見られる。この傾向はアメリカ一極支配よりもましだとは決して言えない。

12　裁量的国家統制による積極的産業政策

こうした時代における、新自由主義に代わる経済政策体系の動向については、次章で触れる、経産省が2021年6月に出した「経済産業政策の新機軸」[*7]で見ることができる。そこでは、米欧中の最近の政策論議や、それをサポートする学術論議がまとめられている。

それによれば、米欧中の論議で共通に目指されているのは、国家間競争に勝ち抜くために、「ミッション志向」（政治リーダーの裁量による天下り的課題設定）で「ガバメントリーチ」（政府権限）を拡大して積極的に資源動員する方向である。こうしてサプライチェーンを「強靭化」した、「戦略的自律」をめざし、経済安全保障論を表に立てながら、競争力のある新産業育成とイノベーションに公的に取り組む。そこには、グローバルサプライチェーンの一部を国内回帰させるなど、経済のグローバル化を逆転させる指向も見られる。

そして日本もこれを目指すべきとされている。そこでは、「伝統的な産業振興・保護とも、相対的に政府の関与を狭める構造改革アプローチとも異なり」とされていて、前者の昭和自民党的な業界団体を通じた民意反映も、後者の新自由主義的な市場を通じた民意反映も否定している。その上で、およそ民意の反映という発想自体をもたない上からの課題設定が提唱されている。

次章補論①で見る通り、これは、岸田首相の２０２３年1月23日の施政方針演説でも、新自由主義に替わる「新しい資本主義」像として貫かれている。その前年22年にできた経済安保法はその典型で、補助金対象や規制など多くを政令、省令などに委ねた裁量の余地が大きい制度である。

バイデン政権にも見られるこの志向は、実は習近平体制を一種の手本としているところがあり、プーチン体制も含め、**世界的な裁量的国家統制の時代**の到来を思わせる。

注意すべきは、国家統制が強化されたからといって資本主義的本質が薄まるわけではないということである。グローバル市場からの自然発生的競争圧力の中で、国家自身が資本蓄積を積極的に担うアクターになるという志向である。すなわち、**資本輸出の目標設定、推進、保護が国家戦略化するという、帝国主義の新たな段階**の始まりである。

ここでは、**裁量を縛る国際的ルールへの志向は後退している。**すなわち「**資本の偉大なる文明化作**

用」の側面は後退し、レーニン的帝国主義の側面が露骨に表に出るようになっている。それゆえ、対抗運動にとっては、資本輸出や、それを基礎とした地域的投資保護体制（TPP、RCEPなど）自体に反対して、産業の国内回帰を進めることが必要になる。

ただ、レーニン『帝国主義論』の時代と違うのは、複雑労働力が不要化して、**先進国、途上国の労働者・小生産者が互いに競合関係に置かれる傾向が、一層進行している**ことである。したがって、資本輸出が進めば進むほど、そして途上国の労働者・小生産者からの搾取が強くなればなるほど、先進国ではますます空洞化が起こり、廉価輸入品との競合で、雇用や生業が失われて賃金も所得も切り下がって、弱小な生産者は淘汰されていく。

だからレーニンの図式における**「労働貴族」など生まれようがない**。今日ごく一部に代替困難な労働者階層があって優遇されたとしても、明日には取り替え可能になってしまう。今後ＡＩが進展するとますますそうなる。

それゆえ、資本進出先の途上国で搾取される労働者・小生産者のみならず、先進国の労働者・小生産者も、**すべての勤労大衆が現代の帝国主義の犠牲者になる**。そこに、今日帝国主義に反対する闘いの展望の鍵がある。資本進出先の発展途上国の労働者・小生産者の階級闘争と、淘汰や空洞化や「底辺への競争」に反対する先進国の労働者・小生産者の階級闘争が連帯する時、今日の帝国主義への動きをストップさせ、さらなる戦争の火種を消す闘いが生み出される。

しかし、複雑労働者と単純労働者の補完関係による住み分けが失われ、競合関係におかれることは、**さしあたりの直接の現象としては、かえって互いの対立を激しくする可能性がある**。第９章で見るイスラエルの話は、その最も悲劇的なケースである。互いの分断を煽る攻撃を乗り越えて、利害の共通性への気づきをうながすための運動が望まれる。**利害の共通性は現実に存在している**のだから、これは前衛党的「上から目線」からの「注入」などなくとも可能なはずである。

もし現段階でこの闘いに敗れ、新しい帝国主義体制が一旦しっかりと確立したならば、先進国の労働者は多くが貿易できないサービス部門の労働者になり、ごく一部に残る代替不可能なエリート労働者ともども、発展途上国の労働者との直接の競合関係はなくなる。そうすると、発展途上国の労働者が低賃金で搾取されればされるほど、生活物資が安く入手できて得になる。あるいは、発展途上国の労働者を搾取して得られた莫大な利潤に課税して、高齢者の生活を支え、下層の民衆を扶養できるかもしれない。

この時には、レーニンの言う「労働貴族」にあたるものは、裕福な上層の一部の労働者ではなくて、**全然裕福ではない圧倒的多数の普通の庶民である**。不労所得で暮らして、「寄生性と腐朽」を深めるのも、裕福でない庶民である。そうなると、この帝国主義体制をくつがえすことは絶望的に困難になる。

エピローグ

冒頭の桐島聡は、約40年の逃亡生活を、「内田洋」という偽名を使って町の個人の工務店で、住み込みで働いて過ごした。社会保険もなく、ギリギリの一人暮らしだった。政府財界の淘汰路線のターゲットに一番なりそうなところである。そこに40年も勤めて町に溶け込んでいたら、不況と財政緊縮で仕事が減っていく過程も、商店街の衰退も格差や貧困化も、この40年の新自由主義が人々にもたらしたものを見つめて過ごしていたに違いない。

彼はそんな暮らしの中でも、自分や同僚や町の人たちをアジア侵略の加害者側とみなし続けただろうか。

注

＊1　レーニン『帝国主義論』第6章（宇高基輔訳岩波文庫版129頁）

＊2　マルクス「イギリスのインド支配」「イギリスのインド支配の諸結果」大月書店版『マルクス＝エンゲルス全集』第9巻。以下のマルクス、バウアー、ルクセンブルク、レーニンの議論の対照は、詳しくは拙著『近代の復権』（晃洋書房、2001年）第4章を参照のこと。

＊3　ルクセンブルク『経済学入門』第6章「資本主義の諸傾向1」

＊4　レーニン『帝国主義論』第4章（宇高基輔訳岩波文庫版103頁）

＊5　同上書第8章。

＊6　宇高基輔訳岩波文庫版136頁。

＊7　https://www.meti.go.jp/shingikai/sankoshin/sokai/pdf/028_02_00.pdf

この章は本書のために書き下ろしたものである。

第7章　「国内産業淘汰／海外進出」路線の先の帝国

はじめに

2022年に、『コロナショック・ドクトリン』と題する著書を、論創社から上梓した。これは、コロナ禍開始後半年ごとに同社から刊行された『新型コロナウイルスと私たちの社会』と題するアンソロジー本のシリーズに、筆者が寄稿した5回分の原稿を、ほぼそのまま掲載したものである。本章では、この本に書いた内容と、そのあとの6回目の『新型コロナウイルスと私たちの社会』掲載の拙稿の内容を簡単にまとめる。すなわちまず、日本の支配層に共有されている大枠の方向性を確認した上で、その大枠の中で対抗してきた二大路線を概観し、最後にそれが今日一種の総合をなしつつあることを指摘する（両文献に記載ずみの典拠は原則省略しているので、詳細は両文献をあたっていただきたい）。

1 「海外で稼ぐ国」という支配層共有ビジョン

これからの日本の経済システムのあり方について、日本の政府ブレーンや財界リーダーたちに共有されている大枠のグランドデザインは、次のようなものである。

人口が減少する日本では、庶民向けの消費財やそのための生産手段の市場は長期的に縮小する。市場が成熟して画期的新商品の余地が少なくなっていることも、新たな投資から得られる利潤率が低下する見込みを定着させている。また国内で資本蓄積を進めても、どこかで労働力の制限に達してしまう。

よって彼らは、庶民向けの消費財やそのための生産手段を「旧来型産業」と扱って、「生産性が低い」「比較優位を失った」として、国内で生産することをやめることを提唱する。そして、東南アジアを筆頭とする新興国に企業進出して、そこで生産する路線を進めている。その端的なスローガンが、**『輸出で稼ぐ国』から『海外で稼ぐ国』へ**である。このフレーズでネットを検索するといくらでも出てくる。

こうして、「生産性が低い」とされる旧来産業や中小企業や個人事業を国内で淘汰することで、余剰労働力が作り出される。それを、「雇用流動化」を掲げて他産業で利用できるようにする。

その1つは、海外進出企業から輸入するわけにいかないサービス業である。製造業と違い、そこにおける多くの労働者は、非正規の低賃金労働である。彼らには、東南アジア進出企業などで現地の安い労働力を使って生産した製品を、円高でさらに激安にしてあてがうことで、低賃金でも暮らしていけるようにする。

いつまでも国債を出して日銀に買い取らせていては、このために必要な円高が実現できないので、財政緊縮と大衆増税と、金融緩和打ち止めを志向する。

もう1つは、彼らが「生産性が高い」とする、デジタル分野や富裕層向けビジネスなどである。余剰労働力にされた人たちの中で、「リスキリング」と称する再研修で使い物になるとみなされる一部の人たちは、この分野に移動させる。ここは、職種によっては多少賃金が高いかもしれないが、そんな職種は、「高度プロフェッショナル制度」で残業代を出さずにこき使って、「国際競争力」をつけて利潤をあげるという算段である。

農畜産業も、地域の中で民衆の暮らしを支えるものとしては、淘汰の対象でしかない。生き残る少数の事業は、内外の富裕層向けの高付加価値品を作る産業へと転換することが志向されている。そして、「生産性が低い」とする業態が生き残るための財政支出をやめにして、「生産性が高い」とする業態のために、財政を集中することを提唱する。これを「ワイズスペンディング」などと称する。

2　爆進する日本資本の海外進出

かくして近年、海外への企業の進出、すなわち対外直接投資が増え続けている。一般財団法人国際貿易投資研究所の報告の最新の数値[*1]では、2020年の対外直接投資（フロー）は、アメリカの4263億ドルが突出して1位だが、日本は、2位のドイツの1789億ドルとほぼ並ぶ1754億ドルで3位だった。4位が中国の1497億ドルである（内閣府経済社会総合研究所発表の各国GDP[*3]で割ってみると、アメリカは1・67％、ドイツは4・4％、日本は4・1％、中国は0・8％である）。

ストックとしての対外直接投資残高を見ると、ジェトロの最新の数値[*2]（2022年分）では日本の対外直接投資残高は2・08兆ドルとなっている。[*4]国際貿易投資研究所の数値を使って、2000年から2021年の間の海外直接投資残高を比べると、米国3・6倍、フランス4・2倍、ドイツ4・4倍、カナダ5・2倍に対して、日本は7・1倍と、突出した伸びになっている。

特に、安倍政権発足後、東南アジアへの直接投資が急増している（図1）。図で2011年に一旦増加しているのは、この年の超円高のためである。安倍政権発足後は、円安に転じているにもかかわらず急増した。

こうしたことの結果、図2に明らかなように、海外進出企業からの利潤送金が年々膨らみ続け、2022年には直接投資収益が23・2兆円に達している。これは円安で膨らんだ数字ではあるが、ドル表示でも空前の規模である。同年の全規模全産業の経常利益93・3兆円の約4分の1にあたる。翌2023年にはわずかに落ち着いて20・6兆円、全規模全産業の経常利益95・3兆円と比べると約5分の1になったが、20・6兆円と言えば、この年の経常利益とまるまる同額である（貿易・サービス収支の赤字と対外証券投資収益の黒字がほぼ相殺されている）。

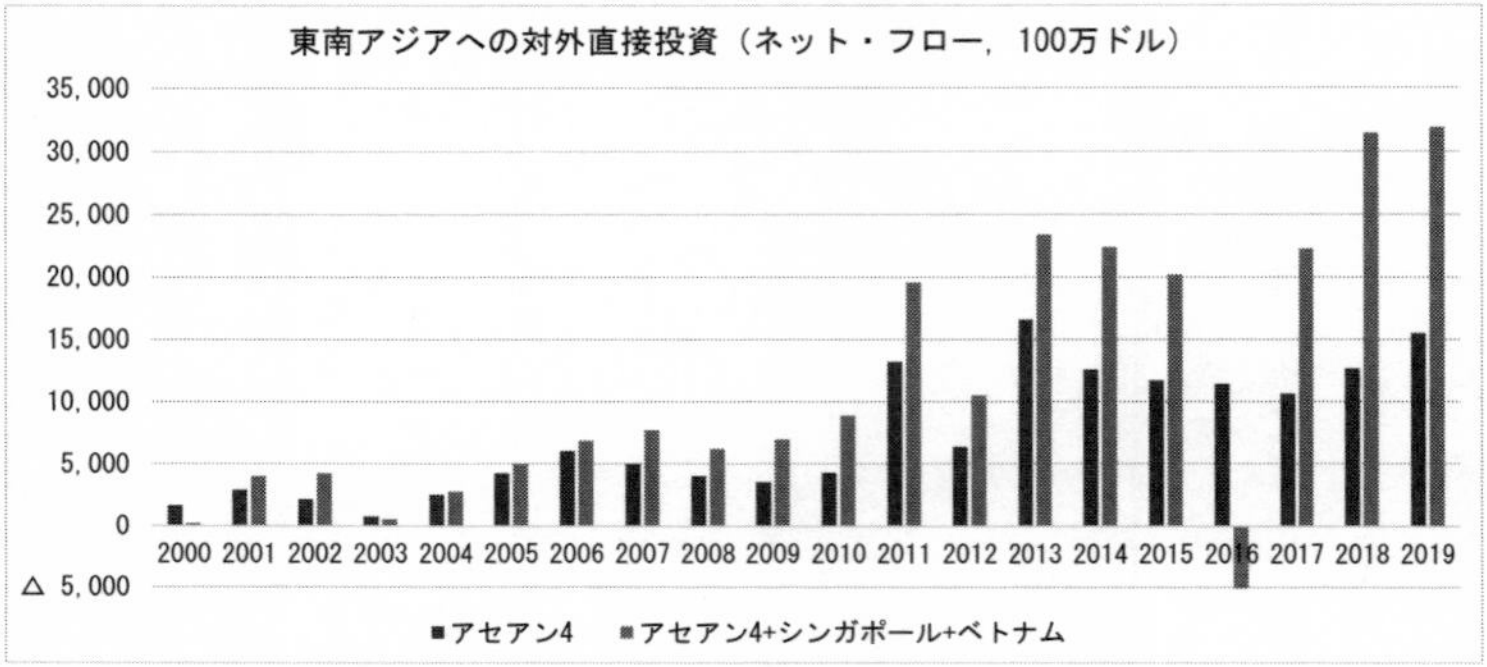

図1　東南アジアへの対外直接投資（ネット・フロー、100 万ドル）

出典：ジェトロ「直接投資統計」（https://www.jetro.go.jp/world/japan/stats/）

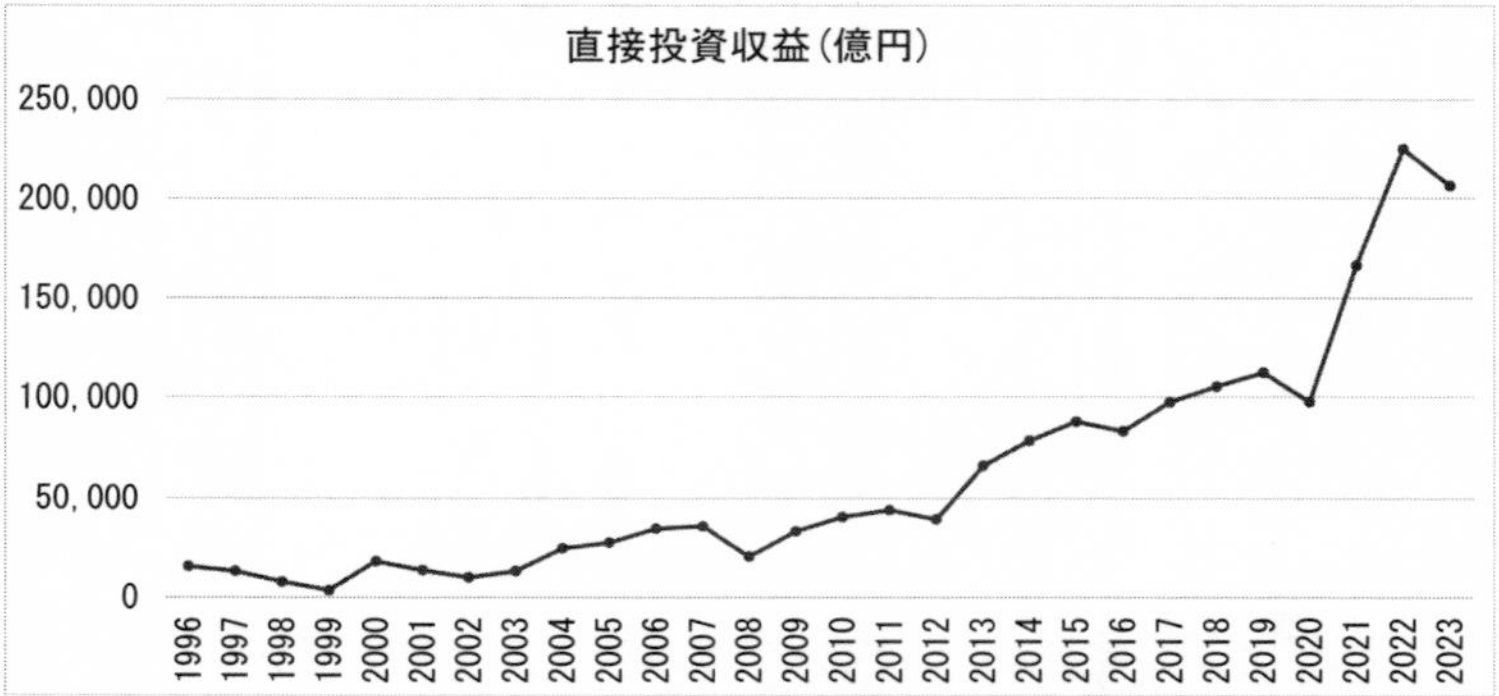

図2　財務省「国際収支状況 Ⅲ．第一次所得収支の推移」

（https://www.mof.go.jp/international_policy/reference/balance_of_payments/bpnet.htm）

すなわち、今や日本資本主義は、東南アジアをはじめとする海外の労働者の剰余労働を搾取して増殖する寄生経済になっているのである。

3　進出資本を守るための国際協定と自衛隊派兵

これだけ海外への資本輸出が進めば、それを保護する政治的上部構造が必然的に要請される。

3－1　国際協定を使った投資保護

例えば、日本政府は、アメリカが入らないことになったTPPの成立になぜこだわったのだろうか。アメリカが入らないTPPでは、日本は先進国として突出する（最近イギリスが加盟したが、地理的に遠く大きな影響はない）。内閣官房のTPP政府対策本部のサイトでは、進出企業が現地政府を訴えることができるようにするISDS条項について、「海外で活躍している日系企業が、進出先国の協定に反する規制やその運用により損害を被った際に、その投資を保護するために有効な手段の一つになる」と言っている。

また、中国や韓国も含む、東アジア・豪州の経済協定であるRCEPが、2012年4月の国会で承認されている。その中では、企業の進出先国が、企業に技術移転を要求することは禁止するとか、企業の進出先国が、本社に払うロイヤリティを規制することは禁止などの投資保護規定が見られる。

なお、RCEPでは、中国から日本に輸入される冷凍の野菜の総菜、枝豆、たこは、段階的に関税が下がり、発効後11年目から16年目に撤廃されることになっている。その一方で、日本からインドネシアに輸出する牛肉の関税が段階的に撤廃される。つまり、農畜産業を大衆的消費財部門としては淘汰させ、海外富裕層に向けた高級品の輸出部門として転換させるという政府の方針に則っている。

3—2 実力による保護を求めて帝国主義へ

そして、最後にものを言うのは実力である。

日本資本は、低賃金を享受しようと進出しているのである。あるいは、労働環境の安全基準が緩いことや、環境保護基準が緩いことなどにひかれて進出している。自国でもブラック企業は絶えなかったぐらいである。低賃金で酷使して地元労働者の反発を買う企業は、必ず出てくるだろう。だから、進出日本資本が激しい労働運動に直面するリスクは当然ある。場合によってはそれが激化して、日本人駐在員やその家族が監禁や暴行を受けるかもしれない。武装勢力に占拠されるかもしれない。革命が起こって国有化されるかもしれない。そもそもそんな階級的背景もないマフィアや野盗のたぐいによって誘拐や監禁が起こり、事業経営が脅かされるかもしれない。

そうしたらまずは、日本資本と癒着した現地の強権政権に弾圧させることで投資秩序を維持しようとするだろう。そしてそれでもうまくいかなければ、「日本人の生命財産を守る」と称して自衛隊が派兵されることになるだろう。

２０１１年と13年に経済同友会は、企業活動にともなって海外で暮らす日本人の保護を自衛隊の対象とするよう求める提言を出している。これに応えたのか、15年の安保法制では、在外法人の保護のための自衛隊の海外派兵と、そのための武器使用が認められている。これには現在、非戦闘地域であるとか領域国の承認だとかの要件がついているのだが、21年末の予算委員会で高市早苗氏は、この要件を見直すことを主張している。

資本の進出が進めば、その実力による保護が要請されるようになるのは必然である。それはレーニンの『帝国主義論』で描かれたロジックそのものである。

３―３　相対的に独自の帝国主義

後述するように、今、アメリカの経済力の圧倒的優位性が低下する中で、世界の各地域の相対的大国が経済発展し、周囲に資本輸出するようになっている。そのためアメリカ帝国一極支配から、地域帝国主義の分立へ移行している。それは、ドイツ、ロシア、中国、インド、トルコ、オーストラリア等々各地で見られる。顕著な例としての、ドイツによるギリシャ制圧、ロシアによるウクライナ侵攻はこの一環である。これは、アメリカ一極支配よりマシでは決してない。

この動きに対して、日本の支配層も「バスに乗り遅れるな」ということであろう。すなわち、対米従属下で相対的に独自の東アジア地域帝国主義体制への志向が共通のビジョンとなっていると思われる。

アメリカの力も相対的に弱まっていて、「お前らが主に進出しているところの投資秩序維持はお前らで責任を持て」という側面はある（特にトランプ氏）ので、これ自体は、直接にはアメリカ政府の利害に逆らうものではない。しかし、近年時折、この独自帝国主義志向が、アメリカ政府の意向と摩擦を起こす場面も見られるようになっている。

例えば、安倍首相はクリミア併合で欧米から四面楚歌になったプーチン政権と、あえて友好関係を結んだ。これは、今後東南アジアを舞台に資本進出先として中国と勢力圏争いに乗り出すに際して、北方を安全にしておく必要があってのことと解釈できる。

また、２０２１年のミャンマー軍部によるクーデタ後の対応も欧米と違っている。欧米諸国は民主化を求めてミャンマーに経済制裁を課している。アメリカ政府はあらたに23年の年末にも、ミャンマー軍支配下の石油ガス公社との取引を禁止する制裁や、軍関係者５人を対象とする制裁を課している。[*6]こういった動きと比べると日本政府の姿勢が非常に甘いことが問題とされてきた。

実は日本資本はこれまで、中国も東南アジア諸国も次々と賃金が上がっていく中で、最後の低賃金国としてミャンマーに多く進出してきた。そして、民政時代の以前から現地の軍事政権と癒着してきた。

その顕著な表れが、ミャンマー進出日本企業の集まりである「日本ミャンマー協会」の幹部が現軍事政権擁護の評論をしてきたことである。クーデタ後まもなく、同協会の渡辺祐介事務総長が、『The Diplomat』誌に、軍政擁護の論文を寄稿しており、[*7]それに反発した市民団体から、同協会の会員企業に公開質問状が出される動きが見られた。[*8]２０２２年8月14日の東京新聞サイトの記事[*9]によれば、同協会の会長であり、事務総長の父親である渡辺秀央元郵政相は、理事会で「海外でデモをやっている人たちのほうが楽をしている」と発言するなど、同協会の会合で、ミャンマー政府軍の立場を代弁し、民主派の挙国一致政府（NUG）について「共産党武闘派の一派」と決めつける発言を繰り返してきた。

そして、軍がおびただしい数の民衆を殺戮している現在においてもなお、軍が主導するいくつもの巨大プロジェクトに多くの日本企業が関与しつづけている。

こうした日本資本の姿勢を受けて日本政府は、軍政に対して型通りの批判はしていても、欧米の民主化圧力のための制裁の動きからは、一定の距離をとってきたのである。今でも、7000億円にも上る政府開発援助の円借款事業や、軍とつながりのある民間投資への支援を継続している。[*5]東京新聞の上記記事では、日本ミャンマー協会の渡辺会長が2022年5月に、ミャンマーの労働相と、技能実習生の増加に向けた協会の関与（同協会は、他の国に見られない技能実習生斡旋の独占的地位を得て、ピンハネで儲けてきた）を話し合った際、内閣審議官が同席していたと報じている。

4　支配層内の2つの路線とその「総合」

この大枠の中で、2つの路線がこれまで引き合いしてきた。1つを「旧菅政権型路線」と、もう1つを「経産省『新産業政策』路線」と呼ぼう。現在岸田政権の下で、両路線はある種の「総合」を成し遂げつつある。

4—1　旧菅政権型路線

前者は、菅義偉氏が典型的に推進した路線で、特に、コロナ禍を利用して、中小零細事業者の淘汰を進めようとしたことから、筆者が「コロナショック・ドクトリン」と呼んできたものである。これは、東京財団政策研究所や、財政制度等審議会、令和臨調などに結集する政府ブレーンたちによって、構想、提唱されてきた路線である。中でも、菅氏は、その典型的論者であるデービッド・アトキンソン氏や竹中平蔵氏を、盟友のブレーンとしてきた。彼らは、コロナ支援策が「生産性の低い」とされる中小企業を存続させることを「新陳代謝が進まない」と言って、再三にわたってその早期の打ち切りを提唱してきた。

彼らが「生産性」と呼ぶのは、単位労働当たりの付加価値のことである。付加価値は本来、総需要が少ないと経済全体で少なくなるので、労働を減らすのに摩擦があるかぎり、「生産性」は低くなる。だから本来それは、総需要拡大政策をサボる政府の責任である。

しかし彼らはそれをあたかも供給側の問題であるように喧伝し、事業者側の責任であるかのように責めたてるのである。本当は社会にニーズのある事業でも、不況で人々の懐が厳しいために売れなくて収益がでないのかもしれないのに、そんな真面目に働いている人たちを「ゾンビ」とレッテル貼りして、あたかも悪いことをしているように責めるのが彼らのやり口なのである。

この路線では、国内に残す「生産性の高い」分野としては、ソフトウェア的なものが志向されている。ＧＡＦＡイメージのデジタル、富裕層向け観光、グローバル金融がそれである。それ以外の製造業などは総じて海外移転の対象とする。

特に、国内中小企業の淘汰を進める。そのために中小企業保護のための支援策は打ち切り、規模拡大や海外進出の路線にかなったものだけを選抜支援する仕組みに変えようとする。

かくして、普通の製造業製品や一次産品は、海外進出企業などから輸入することになるので、円高志向が強く、それゆえ財政均衡志向・利上げ志向が強い。就業者の多数はサービス部門の非正規低賃金労働になるので、円高で低物価にして生き延びさせるためにも、財政・金融の引き締め志向が強くなる。当然、財務省がこの路線の総本山になっている。

ちなみに、この路線の過去と現在の典型的な唱導者である小泉純一郎元首相と河野太郎デジタル相が二人とも脱原発論者であることも指摘しておこう。これはおそらく、製造業を海外に追い出す未来像と整合した主張なのだろうと思われる。

4―2　経産省「新産業政策」路線

他方の経産省路線は、同省が2021年6月に出した報告書「経済産業政策の新機軸～新たな産業政策への挑戦」に基づいている。それは、サプライチェーンを国内回帰させた、国際競争力ある国内製造業のための積極財政を掲げており、比較的に見て、財政規律にこだわらず、円安志向が強い。そしてこの実現のために、政治リーダーがトップダウンで設定した課題を、権限拡大した政府が裁量的に資源動員して実現する志向を持つ。

この経産省の「新産業政策」は、新自由主義に代わる米欧中の新しい経済政策の潮流と、それを

旧菅政権型路線	経産省新産業政策路線
・河野太郎、菅義偉	・高市早苗、安倍晋三
・財務省	・経産省
・新興産業？ 金融業？	・旧来産業？
・財政均衡、緊縮財政、 金融政策「正常化」志向	・財政均衡棚上げ、積極財政、 金融緩和継続
・円高志向	・円安志向
・財政集中先はソフトウェア、 富裕層向け観光、金融など	・財政集中先は、 戦略的に位置付けた製造業
・企業の海外進出促進、 製造業空洞化容認	・製造業サプライチェーン国内回帰
・農業は高級品輸出産業化	・食糧安保で自給志向(高市早苗)
・自助強調、自己責任	・格差是正が「課題」
・脱原発(小泉純一郎、河野太郎)	・原発再稼働
・グローバリズム	・国粋主義

表　旧菅政権型路線と経産省新産業政策路線との対比

サポートする学術論議をふまえて打ち出されている。それらの議論は、コロナ禍やウクライナ戦争で、グローバルなサプライチェーンが混乱するなど、供給のボトルネックに直面したことや、米中、米露の対立が激化している状況を背景として打ち出されている。そして、国家安全保障上の危機感に訴えて、「戦略的自立」と称して、産業の国内回帰や重要産業の育成を、公財政を存分にかけた国家権力による強力な資源動員で成し遂げようという論調が目立つ。元来トランプ政権にはそのような志向があったし、バイデン政権の積極財政政策では一層その性格が強まった。

経産省の報告書も、同様に経済安全保障論で論拠づけられている。特に、国家事業として半導体の国内回帰を位置付け、その論拠を「米中技術覇権の対立により、半導体の確保は経済安全保障と直結」「半導体は国際戦略物資」「半導体はセキュリティのキーパーツ」と論じている。

菅義偉自民党総裁の後任を選ぶ選挙に出馬した高市早苗氏が、その時の公約で掲げた政策は、まさしくこの経産省路線に乗ったものだった。

ちなみに経産省自身はもちろん、この路線の唱導者の多くが原発再稼働論者であることも指摘しておこう。

4―3　岸田政権下の両路線の引き合い

その総裁選では、旧菅政権路線と経産省路線のそれぞれの典型である河野太郎候補と高市候補を制して、両路線の中庸の立場をとった岸田文雄氏が総裁に選出され、首相になった。この選出の経緯のとおり、当初、岸田政権下では両路線による激しい綱引きが行われ、岸田首相はそのバランスの上で揺れていた。

その顕著な表れが、自民党内に両路線それぞれに合わせて財政審議機関が２つできたことである。財政規律派の旧菅政権路線の側は、岸田首相直属の「財政健全化推進本部」で、麻生太郎副総裁が最高顧問、額賀福志郎元財相が本部長になった。他方、積極財政派の経産省路線の側は、高市政調会長が管轄する「財政政策検討本部」で、存命中の故安倍晋三元首相が最高顧問、本部長はＭＭＴを自称する西田昌司政調会長代理が務める。

そんな引き合いの中でも、当初は、高市政調会長が主導して経済安保法を通すなど、経産省路線の色合いが比較的強かった。しかし、安倍元首相の暗殺、２０２２年に入ってからの物価高と円安の進行によって、経産省路線の旗色は弱くなっていった。そして、スキャンダルで安倍派の力が落ちた現在、少なくともマクロ経済運営に関しては、財政再建と金融緩和打ち止めという露骨な旧管政権路線の方向へとはっきり舵が切られつつある。

中でも、インボイスの導入が零細事業にもたらした打撃は大きい。消費税の課税業者になることを余儀なくされた多くの業者が、転嫁などできるはずもなく、わずかの利益の中から消費税を納めなければならなくなって、首がしまってしまった。また、コロナ禍救済のためのいわゆるゼロゼロ融資の返済期が、ろくに景気が回復しない中でのコスト高の状況で、到来してしまった。事前に多くの論者から警告されていたはずなのにろくに対策が打たれないまま、これが返せずに倒産に追い込まれた件数が、一時は前年同月比１・５倍という激増を示し、最新の２０２４年２月まで増加基調が続いている。[*12] そして、そんな状況の中で日銀が、マイナス金利や長期金利抑え込み操作をやめにして金利が上がるようにしたために、借り換えができなくなる業者がたくさん出てしまうのではないかということが懸念されている。

こんな状況で、２０２３年は倒産件数が８４９７件と、激増している。帝国データバンクの『全国倒産集計２０２３年報[*13]』によれば、リーマンショック後、毎年の倒産件数は傾向的には低下し続けてきたのに、いきなり33・３％という急増を示した（図３）。うち原因別で最多の６７９７件が、「販売不振」を中心とする不況型倒産だったと言う。

最新の２月のデータでも、倒産件数は22か月連続で、前の年の同じ月を上回る状態が続いてい

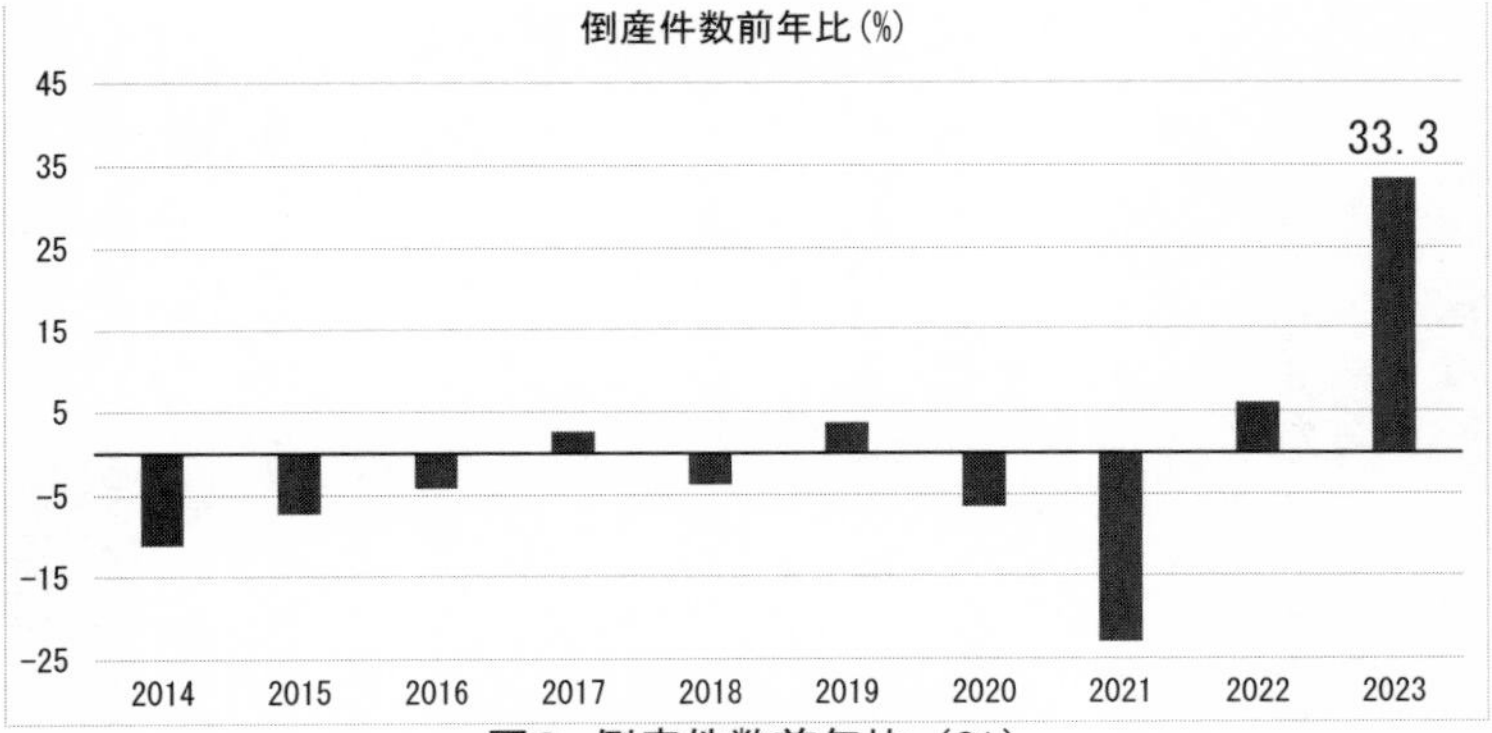

図3　倒産件数前年比（%）
出典：TDB『全国企業倒産集計 2023 年 12 月報』
（https://www.tdb.co.jp/tosan/syukei/pdf/23nen.pdf ）＊14

る。やはり不況型倒産が最多である。旧菅政権型路線の中小企業・個人事業の淘汰は、今も着実に進行しているのである。

４―４　岸田政権による両路線の「総合」

結局現在、岸田政権下では、両路線の引き合いの結果、総需要側視点の欠如、淘汰路線、円高志向、財政緊縮・大衆負担増という点では菅政権路線を、上からの裁量的課題設定、国家権力による資源動員、軍事的問題意識での国内回帰、大軍拡志向、原発回帰という点では経産省路線をそれぞれ取り入れた、悪いところどりの「総合」が形成されつつある。それがはっきりと見て取れたのが、２０２３年1月23日の第２１１回国会における岸田首相の施政方針演説だった。その詳しい分析を、このあとの補論①で示す。

この「総合」によって、本章冒頭に示した支配層共有ビジョンの具体化が一段進んだことになる。「旧来型産業」を淘汰して海外に移した後、低賃金のサービス産業以外で国内に残す産業は何か。すなわち、「生産性が高い」として財政を集中してかけて育成することが想定されている主導的産業は何か。

旧菅政権路線が主に想定していたのは、デジタルや金融などの第三次産業であった。それは、アメリカなどの外資も取り入れた見返りで、アメリカが圧倒的力でグローバルに投資秩序を維持し、部品や機械として必要な工業製品がグローバルにスムーズに調達可能な世界と整合的である。

しかし、アメリカの圧倒的力が衰えて地域帝国主義分立の時代を迎えつつある今日、この旧菅政権路線の第三次産業的イメージは、決してなくなってはいないがトーンを落としている。経産省路線は、たしかに広範な製造業回帰までは望めなくても、「生産性が高い」として国内に残して財政集中して育成する少数の産業の主役として、自分達の望む「戦略的に重要な」製造業を新たに据えることに成功したのだ。すなわちそれこそが、**広い意味での軍需産業**である。

この体制ができあがれば、日本の支配層は、東南アジアに進出して労働者を搾取する資本を、人民の反乱から独力で防衛する実力が得られる。日頃労働者を弾圧してくれて、中国との勢力圏争いの中で日本資本の勢力圏を守ってくれる、現地強権政権にむけて、兵器を輸出することで、「旧来産業」に代わる国際競争力ある輸出産業も獲得できる。

5　リベラルなディストピア

この路線が続けば、普通の製造業の淘汰と海外移転はますます進行するだろう。特に、南海トラフ地震が起こった後、日本の大資本は、これ幸いと国内生産拠点の再建を諦め、まるまる海外に移すかもしれない。農産物も、現在担い手になっている高齢者たちが引退するにつれて、ますます安い輸入品に取って代わられていき、世界の富裕層向けの高級品ばかり作られるようになるだろう。工場がなくなり、人口も減った結果、自然環境はきれいになるだろう。そんな中で一部で取り組まれる有機栽培農業は、高い値段に耐えられる比較的富裕層向けのビジネスになる。工業用電力が使われないので、原発もなくせるかもしれない。

一部の「生産性が高い」とされたエリート産業では、女性でも、外国人でも、有能な人材は活用される。サービス業などの多くの下層の労働者たちは、共働きしないと余裕がないので女性も普通に労働力になる。

みんな輸入品ばかりで生活するので円高の維持は至上命題になる。そのために政府・日銀は金融引き締めと財政均衡に努める。低賃金産品を超円高で輸入して激安にすれば、消費税率を倍増してもさほど負担感は強くないだろう。

さらに「リベラル」な政権は、日本資本が海外子会社であげる莫大な利潤に目をつけるかもしれない。その頃には日本資本があげる利潤の過半の比率が海外生産で得られるようになっているだろう。そこに十分な課税をすれば、高齢者年金も支えられるし、貧しい人たちへの給付もできるだろう。

円高と緊縮では経済が停滞し、職のない人々があふれているかもしれない。労働力人口の減少の方が勝って逆に人手不足になる可能性もあるが、どうしても人を相手にするサービス業が無理な人は必ずいるので、製造業や農業がろくになくなっているかぎりは、やはり職のない人がたくさん生まれる可能性が高い。これらの人々も、海外子会社の利潤に課税して給付することで生存を維持させることができる。キツい仕事は外国人労働者が担い、たくさんの日本人が給付で生きることになるかもしれない。

それはあたかも、かつてローマ帝国が属州から搾取した膨大なあがりで、無産の貧困な市民を養っていた構図を連想させる。

海外であげる利潤が増えれば、そのうちで日本に送金される額も増える。しかもそこに日本政府が大きく課税することになれば、その分はどうしても日本に送金されることになる。なので、ますます円高になる。かくして、輸出の困難化や、安い輸入品との競合で、製造業や農業は、日本国内で事業することはますます不利になり、ますます海外進出が進み、ますます海外であがる利潤が増えて、それが日本に送られてますます円高が進む。

財政均衡をめざした高齢者福祉の削減のため、多くの人たちは、現在政府が推奨しているように、株で老後の生活を支えるたしにしようとするだろう。儲かる株と言えば、海外進出してそこでたくさん利潤をあげている企業の株である。

かくして、自然環境がきれいで、原発もなく、男女平等に働き、高齢者も楽に生活でき、貧しい人たちも十分な給付が得られて、外国人労働者もいて多様性にあふれた世の中が実現できる。比較的裕福なリベラル論者は、国産有機食材の食事を食べながら、リベラルな世の中が実現された満足感に浸るだろう。[*15]

しかし、その裏では、働く誇りや生きる喜びを奪われた人々がのたうち回り、日本資本が進出している東南アジアでは低賃金で危険な長時間労働がはびこり、公害が垂れ流されるのである。そして、それに対する闘いに立ち上がる人々が生まれたら、日本から輸出されたドローンが弾圧し、それですまなければ自衛隊が派兵されるのである。

こんなディストピアは、いったんできあがれば、日本国内のみんなが帝国主義的搾取に依存することになり、安定的に維持される。そうなれば、くつがえすのは容易ではない。海外移転と淘汰で直接苦しんでいる人がたくさんいる今のうちに、この動きを逆転させるしかない。

脚注

＊1　一般財団法人国際貿易投資研究所ホームページ「国際比較統計」
https://iti.or.jp/statistics/ics/fdistat

＊2　一般財団法人国際貿易投資研究所「世界主要国の直接投資統計集（２０２３年版）」
https://iti.or.jp/report_147.pdf

＊3　内閣府経済社会総合研究所「国民経済計算年次推計主要計数（記者公表資料の抜粋）参考資料６．ＧＤＰの国際比較」
https://www.esri.cao.go.jp/jp/sna/data/data_list/kakuhou/files/2022/sankou/pdf/kokusaihikaku_20231225.pdf

＊4　日本貿易振興機構（ジェトロ）ホームページ「直接投資推計」

https://www.jetro.go.jp/world/japan/stats/fdi.html

＊5　一般財団法人国際貿易投資研究所 I-006「世界各国の対外直接投資残高」（２０２３年５月２日更新）
https://iti.or.jp/stat/1-006.pdf

＊6　Simon Lewis, Daphne Psaledakis「米、ミャンマー軍支配下の企業に制裁　融資や投資禁止」（ロイター日本語サイト、２０２３年11月１日記事）
https://jp.reuters.com/world/security/2C4B57E4ZFOAVCM3UTHOHDJJFY-2023-11-01/

＊7　Yusuke Watanabe, "On Myanmar, Japan Must Lead by Example", The Diplomat, May 26, 2021.
https://thediplomat.com/2021/05/on-myanmar-japan-must-lead-by-example/

＊8　日本ミャンマー協会公開質問状プロジェクト「公開質問状（日本ミャンマー協会事務総長の寄稿について）」（２０２１年６月８日）
https://note.com/jma_letter/n/n49e554fb18df

＊9　北川成史「在日ミャンマー人の間で評判悪い日本の元国会議員は何をしたのか／クーデター起こした国軍幹部と…」東京新聞サイト（２０２２年８月14日）
https://www.tokyo-np.co.jp/article/195737

＊10　特定非営利活動法人 FoE Japan「＃ミャンマー軍の資金源を断て　プロジェクトの概要」（２０２２年８月１日更新記事）
https://foejapan.org/issue/20210401/5846/

＊11　特定非営利活動法人 FoE Japan「【12／1アクション報告】ミャンマー軍を利するＯＤＡと公的資金

供与事業の停止を求めます - 官邸前アクション」（２０２３年12月２日更新記事）
https://foejapan.org/issue/20231202/15228/

＊12　帝国データバンク「倒産集計２０２４年２月報」
https://www.tdb.co.jp/tosan/syukei/2402.html

＊13　帝国データバンク「全国企業倒産集計２０２３年報」
https://www.tdb.co.jp/tosan/syukei/23nen.html

＊14　前掲「倒産集計２０２４年２月報」

＊15　前掲拙著『コロナショック・ドクトリン』第３章の３節では、２０２１年の第２０４回国会において、中小企業淘汰と帝国主義を推進する法体制が作られたことを解説している。本文中に触れたＲＣＥＰのみならず、規模拡大やグローバル化をする中小企業だけを選抜支援する法案や、地域の中小企業を銀行が株で支配できるようにしたり、銀行が海外の金融機関を買収した時に、その傘下の事業会社を引き続き支配してよいようにする法案が承認されたのである。これらの採決に際して、いずれについても共産党とれいわ新選組は反対したが、立憲民主党は賛成している。その後も、経済安保法、防衛産業強化法など、帝国主義体制構築にとって重要な法案に、立憲民主党は賛成している。

この章は本書のために書き下ろしたものである。

第7章補論①　悪いとこ取りの総合
――岸田文雄首相の第211回国会施政方針演説について

1　政財界で引き合いしてきた2つの路線の総合

2022年に論創社から上梓した拙著『コロナショック・ドクトリン』で詳しく解説したとおり、これまで、政財界では次の2つの路線が存在し、対抗し合ってきた。1つは、政府の常連の経済ブレーンたちが提唱し、菅政権時代に最も典型的に志向されたハードコアな新自由主義の路線で、もう1つは21年6月に経産省が打ち出した新しい産業政策の路線である。

前者は、国内産業を「更地化」して海外に追い出し、一部の高付加価値とされる産業に財政を集中して、規模拡大と集約化を進める路線である。中小企業や個人事業の淘汰と労働の流動化・非正規化を推進し、この推進のためにも、円高による海外からの安い輸入品で低賃金労働者を食べさせるためにも、財政緊縮と大衆増税、金融緩和の打ち止めを志向する。

後者は、経済安全保障のために製造業の国内回帰を目指し、国家が課題を設定して積極財政で資源動員することを主張する。そのためには一時的な財政赤字をいとわず、マイルドなインフレが経済成長のためには必要と位置づけ、国内回帰のためにも円安を志向する。

菅前首相が進めた前者の路線は河野太郎氏らが継承者で、財務省がバックアップしている。後者の路線は安倍元首相が推し高市早苗氏らが継承者で、経産省がバックアップしている。自民党内には、この両路線にそれぞれ基づく財政問題の審議機関ができており、互いに引き合いをしてきた。

前掲拙著では、岸田政権はその両路線の引き合いの妥協点の上で揺れてきたと総括していた。しかし、2023年1月23日の国会での岸田首相の施政方針演説[*1]で感じたことは、いまや岸田政権は両路線のあやふやな妥協ではなく、「悪いとこどり」という意味での、一つの明瞭な「アウフヘーベン」の道を見出したということである。

2 「新しい資本主義」像は経産省の新産業政策のモデル

岸田首相が総裁選で「新しい資本主義」と言い出した当初は、その具体像はあいまいでよくわからなかったが、新自由主義に代わって、何かもっと「リベラル」な経済システムを模索するというイメージで語っていた。しかし今回の施政方針演説では、全く違った姿をはっきりと見せている。

首相は、「四、新しい資本主義」の冒頭次のように述べている。

世界のリーダーと対話を重ねる中で、多くの国が、新たな経済モデルを模索していることも強く感じました。

それは、権威主義的国家からの挑戦に直面する中で、市場に任せるだけでなく、官と民が連携し、国家間の競争に勝ち抜くための、経済モデルです。

それは、労働コストや生産コストの安さのみを求めるのでなく、重要物資や重要技術を守り、強靱なサプライチェーンを維持する経済モデルです。

そして、それは、気候変動問題や格差など、これまでの経済システムが生み出した負の側面である、さまざまな社会課題を乗り越えるための経済モデルです。

私が進める「新しい資本主義」は、この世界共通の問題意識に基づくものです。

これは、同じく新自由主義に代わるモデルでも、経産省が新産業政策を打ち出した報告書に書いてあった考え方そのものである。そこでは、欧米中で現れた新自由主義に代わる新しい経済政策の動向とそれを根拠づけるアカデミズムの議論をよく検討して、その共通点を、まさに首相がここで言っているようにまとめているのである。ここには、このモデルの典型が中国の習近平体制であり、欧米諸国はそれを一種の成功モデルとして、負けないようにと対抗的に取り入れているという背景がある。

特に注意すべきことは、経産省の報告書では、「ガバメントリーチの拡大」という言葉で**政府に**

よる介入権限の拡大を志向し、政府が自ら設定した課題をそうした強い権限で資源動員して解決することを、良いこととして提唱している点である。それは、昭和自民党的な方式と新自由主義的な方式の双方を否定する言い方で打ち出されている。敷衍すれば、経済のあり方への、業界団体を通じた民意反映も市場を通じた民意反映も、およそ個々具体的な利害反映のチャンネルというものは否定し、政治リーダーが天下り的に課題を設定し、リスクをいとわず強力にその解決に取り組む体制を提唱しているのである。

注意深く読むと、今度の施政方針演説は、こうした哲学に貫かれていることがわかる。

3　庶民が直面するさまざまな重要問題が無視

まず、この施政方針演説は、この国に生きる人々が暮らしの現場で直面するさまざまな具体的な課題を一つひとつ積み上げて、その解決を図るという体裁をとっていない。したがって、多くの人が直面する切実な問題がしばしば全く触れられもしないですまされている。

例えば、この演説の中には「高齢」という文字列はでてこない。「介護」という文字列は、コロナ禍の中のエッセンシャルワーカーの「協力」に触れたところで、「医師」「看護師」と並んで「介護職員」が出てくるところで使われているだけである。最も深刻な問題の1つである、高齢化問題、介護負担や介護労働の問題が全く取り上げられていないのである。

あえて言えば、「孤独・孤立対策」と題したわずか60字ぐらいの短文の中に込められているのだろうか。

「年金」「老後」といった文字列もない。老後の生活保障の問題は、「資産所得倍増プラン」の裏に、国は面倒を見切れないから自分で資産を貯めて備えておけという本音が透けて見える点に、関連が見られるだけである。

医療については、デジタル化の中とコロナ対策の中で出てくるだけである。

格差や貧困の問題についても出てこない。物価高対策は、「まずは、22年度第2次補正予算の早期執行など、足元の物価高に的確に対応します。今後も、必要な政策対応にちゅうちょなく取り組んでまいります。」という二行だけである。

演説の締めの部分で出てきた、新潟でモノづくりを目指す学生は、将来の景況への不安を語らなかっただろうか。同じく鹿児島で和牛生産に取り組んでいるお母さんは、飼料高騰の中で子牛の価格が暴落し、天塩にかけた子牛を薬殺しなければならない畜産家が出ていることを語らなかっただろうか。

4　歴史の流れの認識からリーダーが天下り的に課題を設定

この演説は、そうした市井の現場の声に目配りして集約するという体裁ではできていない。

そうではなくて、まず、明治維新と「終戦」に続く近代日本の歴史の第3の転換点と現在を位置付ける、大上段に構えた歴史認識から始まって、「これまでの時代の常識を捨て去り、強い覚悟と時代を見通すビジョンをもって、新たな時代にふさわしい、社会、経済、国際秩序を創り上げていかねばなりません」と宣言する。そして、政治リーダーが強い決断力で天下り的に課題設定する形で、今後の政府の取り組みを語るという体裁になっているのである。その意味で、**経産省の新産業政策の精神どおり**になっているのである。

だから、首相はこの冒頭で、「政治とは、慎重な議論と検討を積み重ね、その上に決断し、その決断について、国会の場に集まった国民の代表が議論をし、最終的に実行に移す、そうした営みです。／私は、多くの皆様のご協力の下、さまざまな議論を通じて、慎重の上にも慎重を期して検討し、それに基づいて決断した政府の方針や、決断を形にした予算案・法律案について、この国会の場において、国民の前で正々堂々議論をし、実行に移してまいります。」と言っているのである。すでに他からも指摘があるように、この文章では、**「決断」の後に国会の議論がある**。「正々堂々」公開するというだけで、すでに「決断」はされてしまっている図式である。

リーダーが見出した歴史の流れに「決断」の根拠がおかれているのだから、その「時代を見通すビジョン」を共有しない者による抵抗は、国会の場と言えど障害にしかならない。このような図式になるのは当然である。しかし、民間企業の経営者が判断を誤れば自腹が痛むので、慎重にリスク計算をする誘因があるのに対して、**政治リーダーは判断が誤っても自腹は痛まない**。よって、このような姿勢での決定は、過大なリスクを呼び込んで多くの人々に被害をもたらす危険を避けることはできない。

思えば、大きな歴史の流れを根拠にしてリーダーが天下り的に政治課題を位置付ける姿勢は、

「資本主義から社会主義への必然法則」なるものを根拠に政治方針を押し付けてきた共産党独裁体制の姿勢と同じである。反共プーチン大統領も、今は大きな神がかりの歴史認識の中で戦争を聖戦視している。どちらにせよ、独善的な決定が多くの人々に多大な犠牲を強いることになった。

ミイラ取りはミイラになる。権威主義体制に対抗しようとその強みを真似ていくと権威主義体制に近づいていく。岸田演説は、**軍事強国になって憲法を変える**と言っているのだからなおさらである。この点は、新自由主義に代わる政策体系として支配体制側が世界中で採用しようとしている流れ全体にあてはまることなので、世界中の民衆と連帯して反対していかなければならない。

5　旧菅政権型路線を引き継ぐ供給サイド一辺倒の政策

さて、経産省の新産業政策やその元になった欧米の学界の新しい議論が新自由主義と異なる大きな特徴は、新自由主義が供給サイドだけに着目する議論だったのに対して、再びケインズ派時代のような需要サイドへの着目を取り戻している点である。この点は全く正当であって、欧米では並行して左派の世界でも、ブレア＝クリントン流の供給サイドだけに着目するワークフェアなどの政策に対して、近年台頭した新しい左派は、総需要拡大の反緊縮政策を掲げて批判している。

ところが岸田首相の施政方針演説は、経産省路線の国家主導の資源動員という権威主義的と言える側面やキナ臭い側面は採用しながら、マクロ経済運営については**総需要管理政策の視点を欠き**、まったくもって旧菅政権型路線を忠実に引き継いだ供給サイド一本の政策ばかりが並んでいる。

6 「需要拡大で人手不足にしよう」と言わない賃上げ策

そのことが如実にわかるのが、「新しい資本主義」の目玉的な位置で、比較的大きな比重をとって論じている賃上げ政策についてである。

我々の立場からは賃上げのための政策でトップにくるのは、労働運動の活性化を手助けすることである。それがメニューに出てこないことは自民党政府としては当然だろう。しかし、労働運動も、全般的な人手不足になれば交渉力がつき、賃上げ闘争が有利になる。労働運動のないところも、人手が足りなければ賃金を上げてなんとか人を集めないといけなくなる。だから、総需要を拡大して雇用を増やし、全般的な人手不足が十分に進むところまでもっていくことは、賃上げを実現するための王道である。

ところが、岸田演説の賃上げ論には、この視点は**本当に皆無**である。基本的なロジックは、**「生産性を上げたら賃金が上がる」という供給サイドの論理**である。企業の生産性を上げて、労働者も、「リスキリング」とか誰もわからない言葉を使っているが、要するに新しい技能を身につけるようにして、そして、「成長分野」に円滑に移動できるようにするというのである。

需要が少ない中で、生産性が上がって少ない労働でも生産できるようになったら、雇用が減らされるだけである。雇用を減らさないなら生産が伸びるように売値を下げる（しかしライバルも同じことをするだろうから、結局生産は伸びないだろう）。どちらにせよ賃金は上がりようがない。総需要が少ない中では、労働移動しようとみんなで技能を身につけても、必ず椅子からはみ出る人々が出て、努力が無駄になる。そんなリスクがあることには誰も乗り出さない。

そもそも世の中には大して技能が要らなくても、人々の暮らしを支える本当に大事な仕事をしている人たちがたくさんいる。豆腐を作ったり、みかんのシロップ漬けを作ったり、**世の中になくてはならない生産をしているが、これ以上あまり生産性上昇の余地のない事業分野もたくさんある。**こういうところが、つぶれれば良いというわけにも、賃金が上がらなくて良いというわけにもいかない。みんな儲かって、賃金が上がるようにしないといけない。そのためには、総需要が拡大して世の中全体の景気が良くなる以外にはない。

7　景気が良くなれば興ってくることを公金で無理やり

賃上げの件だけでなく、全般的にこの施政方針演説では、「デジタルトランスフォーメーション」「イノベーション」「スタートアップ」などと、供給サイドの何か「スゴそー」なことばかり掲げて「やってる感」を出しているが、自らはリスクをかぶらない政府の担当者が、現場の情報も知らずに公金をかけても無駄を積み上げることになる可能性が高い。

新しい技術の導入もイノベーションも起業も、経済見通しが不透明な中では企業はなかなか乗り出さない。経済が安定して好況が持続してこそ、安心してこれらのことに乗り出すことができるのである。

特に、人手不足状態が持続すれば、労働生産性を上げるイノベーションは否応なく迫られる。そうなれば政府がわざわざ公金をかけて誘導する必要もなくなる。

むしろ長期的には、企業が決して乗り出すことがない基礎研究にこそ、潤沢に公金をかけることがイノベーションにつながる。ところが、岸田演説では、「社会のニーズ（資本のニーズと読め）に応じた理工系の学部再編や、若手研究者支援も進めます」と言って、ますます目の前の要請にしたがった**大学の実学化**を進めることを表明しているだけで、基礎研究への言及は見られない。

8　普通の庶民が起業できる好景気こそ

そもそも、「スタートアップ」についても、「卓越した才能」だの「欧米のトップクラス大学の誘致」だの「世界に伍する高度人材」だのといった言葉を並べているが、**そんなすごい人たちがする起業しか想定していないということがおかしい**のではないか。

首相はここで、「今は、日本経済をけん引する大企業も、かつては、戦後創業の『スタートアップ』でした。戦後の創業期に次ぐ、第2の創業ブームを実現し」と言っているが、戦後の創業期に起業した人たちはそんなすごい人たちだったのか。**普通の庶民が焼け跡でリアカーを引いて商売を始めたのではなかったか**。

志ある**普通の庶民が誰でも**起業して、安心してまっとうに食べていけるようにすることこそ、政治の責任ですべきことなのではないか。

それは、十分潤沢な総需要のある好景気を実現すること以外にはない。

9　少子化解決の大前提は景気をよくすることのはず

「最重要政策」「従来とは次元の異なる」と銘打った、こども・子育て政策も同様である。

少子化問題の根本原因は、若い人々の所得が足りないこと、将来の生活に不安があることである。たしかに、演説でも「若者世代の負担増の抑制」とは言っているが、これはそれに続いて「社会保障制度を支える人を増やし、能力に応じてみんなが支えあう」とある通り、高齢者の負担を増やそうという、世代間対立を煽る話の一環である。

そうではなくて、まずは経済全般で十分な人手不足が持続して、**働く意思のある者は誰でもまっとうな賃金で働ける、将来も安心して働き続けることができると予想できる**ことが重要である。

あるいは、**商売を始めようと思ったら普通の庶民なら大きなリスクなくでき、まっとうな所得を得続けることができると予想できることが**重要である。そうやってみんなが自分の望む人生設計をできる経済環境を作ることが、まず大前提である。それは総需要を拡大して雇用を増やすことによるしかない。

それがなく、若い世代が貧困や将来不安の中に置かれたままならば、どんな子育て支援策をとっても少子化は止まらない。

10　中小企業支援策はなくやはり淘汰路線か

それから、旧菅政権型路線の大きな特徴は、「新陳代謝の促進」の名のもとに、「生産性が低い」とされる中小企業や個人事業者を淘汰することを目指すところにあった。さすがに今回の施政方針演説では、「新陳代謝」などの刺激的な決まり文句は出てこない。しかし菅首相は施政方針演説の中で「新陳代謝」などと口走るようなヘマはしなかった。[*2] よく中身を検討しなければならない。

先述のとおり、この演説では、市井の人々が直面するさまざまな具体的な暮らしの深刻な問題が取り上げられていない。消費税10％とコロナ危機とコストプッシュに見舞われて、青息吐息の中小企業・個人事業の生業の問題もそうである。**中でもコロナ債務返済期を迎える人たちの問題は大きいはずだが、触れられていない。**

そもそも、先述のとおり、賃上げのために生産性を上げるとか、生産性の高そうな新規なことばかりに公金を出すという話は、裏を返せば、生産性の低いところはつぶれてかまわないという話と読めるだろう。

コロナ問題の箇所でも、医療的疫学的話題には触れているが、中小企業・個人事業の経営の問題には触れていない。そこで「ＧＤＰ（国内総生産）や、企業業績は、既に新型コロナ前の水準を回復し、有効求人倍率も、コロナ前の水準を回復しつつあります」と述べているのは、もう特別な支援は不要と言いたいのかもしれないが、**消費増税前の水準にはまだ遠く及ばない。**

「地方創生」という項目でも、地場産業を守るとか育てるとかいった話は全くでてこない。菅政権がよく語っていた、観光活性化や農業の輸出産業化の話は出てくるし、例によって明るい未来技術の話も出てくるが、ごく普通の庶民が今まで培った技能でコミュニティを支える生業をどうするかの話はない。

その代わり、「さらには、**地方への企業立地支援や海外からの人材・資金の呼び込み**、官民連携によるスタジアム、アリーナ、文教施設の整備、地方議会活性化のための法改正にも取り組みます」と言っている。

地域の外から、外資も含む大企業を呼び込もうというのである。結局、地場の中小企業が潰えさり、グローバルな大企業に支配される光景しか浮かばない。

ちなみに、「スタジアム」「アリーナ」というのは、またぞろ例によって、通貨発行権のない自治体に、国と違って文字通りの借金をさせて、失敗したら決定者は自腹を切らず、文字通り住民税を財源に穴埋めさせようというのだろう。「成功」しても、**地域の小商店に向けた需要が、新施設に向けた需要に振り替わるだけ**で、地域経済にとってマイナスになりかねない。住民の間に真に内発的ニーズがあるのならいいが、国が上から旗を振ってさせるようなことではない。

11　一部のところだけに集中した支出では総需要の広がりはない

総需要拡大策がないという批判に対しては、政府・自民党側からは、いろいろ掲げている施策のために資金を投下するのだから、そこから需要が波及するはずだとの反論があるかもしれない。演説の中で、将来の財政再建を明言しているのだから、どうせ増税でそのなけなしの購買力増分は吸収されてしまうだろう――という問題は、とりあえずおいておこう。

問題は、少子化問題の解決の前提になるような、普通の庶民にとっての雇用の増大がもたらされるような総需要の増大とはどんなものかということである。あるいは、普通の庶民が安心して起業できるような総需要の増大とはどんなものか。地場の中小企業や商店街の個人商店が元気になるような総需要の増大とはどんなものか。

卓越した一部の領域や軍需産業にだけ集中して資金が投下される首相演説のやり方では、そのような広がりをもった総需要の拡大はかなわない。人々の懐をあまねく温めることによって、草の根から広範に興ってこる総需要の拡大でなければならない。

それをもたらすのは、例えば消費税の減税、一律の給付金などである。そして、得られた所得を人々が安心して使い、コミュニティーの中でいつまでもお金が回り続けるように、医療や社会保障や教育の保障を充実させなければならない。これが今回の施政方針演説では全く欠落している観点である。

12　帝国主義体制建設に都合の良い総合

結局まとめると、こうである。

経産省路線からは、「国家間競争」に勝ち抜くために政治リーダーが裁量的に設定した課題にしたがって、一部の者だけを儲けさせて資源動員して上から経済管理し、軍事強国化を進める側面だけを受け取って、他面の積極財政の側面は受け取らずに軍事費負担を公然と庶民に対して求める。他方の新自由主義型路線からは、供給サイド一辺倒の経済政策姿勢と中小企業・個人事業淘汰の姿勢を受け取って、他面の「共存共栄的」な建前の自由貿易の世界像は捨てる。

この「アウフヘーベン」は、東南アジア進出企業の権益を強大な軍事力を背景に守り、そこの労働者の作った製品を円高で安く輸入して、空洞化した国内の低賃金労働者を食べさせるという帝国主義体制の建設にとっては、誠に都合の良い方向性だろう。

＊1　首相官邸ホームページ「第二百十一回国会における岸田内閣総理大臣施政方針演説」
https://www.kantei.go.jp/jp/101_kishida/statement/2023/0123shiseihoshin.html

＊2　なんと岸田首相は、同年10月23日の施政方針演説では、「あわせて、三位一体の労働市場改革、企業の新陳代謝促進、物流革新など、生産性を引き上げる構造的な改革を進めます」と「企業の新陳代謝」という言葉を公然と使った。
https://www.kantei.go.jp/jp/101_kishida/statement/2023/1023shoshinhyomei.html

この補論は、２０２３年2月24日にｎｏｔｅに投稿した拙記事を、冒頭部分を削って、残りをほぼそのまま再掲したものである。

第7章補論②

共産党の「経済再生プラン」はすばらしいが、大事なことが1つ足りない

1　どれも心から賛成できる政策

共産党さんは、2019年の参議院選挙の時から、経済政策と身近な暮らしの問題を大きく表に取り上げるようになり、とてもいい傾向だと思っています。手前味噌で笑われそうですが、自分では薔薇マークキャンペーンの成果だと思っています。

その傾向がこの「経済再生プラン」[*1]に至って、さらに鮮明になっていて、大変喜ばしいことだと思っています。

何より、30年にわたる停滞を、財界と自民党によってもたらされた悪いことと明確に位置付けて、一部の脱成長論者に見られるような停滞肯定論の入り込む余地のない書きっぷりをして、「経

済再生」を打ち上げているところがいいです。

その上で、具体的に書かれている数々の政策は、よくできていて、どれも心から賛成できるものです。

2　借金が多少増えても暮らしを応援する

さらにうれしい驚きは、次のような叙述があることです。

現在の財政状況からすれば、税・財政の改革によって、新たな財源を確保したとしても、政府の借金額それ自体は増加していくことになります。「借金を減らす」「財政赤字がたいへん」などを口実に、消費税を増税したり、社会保障を削減したりする緊縮政策を行えば、暮らしは破綻し、景気がさらに悪化して、その結果、財政危機もいっそう深刻化します。借金が多少増えても、経済が成長していけば、借金の重さは軽くなっていきます。国民の暮らしを応援する積極的な財政支出によって、健全な経済成長をはかり、そのことをつうじて借金問題も解決していく――そうした積極的かつ健全な財政運営をめざすことが必要です。

まったくそのとおりですよ。よくぞ言った。

また、「安易に借金に頼ったのでは、格差を広げる税・財政構造を温存することになります。また、政府債務急増は、激しいインフレを引き起こす危険があり、過酷な物価高騰で暮らしが破壊される事態は起こしてはなりません」として、緊急的時限的な財源は国債でとする一方、「社会保障、教育などの恒久的な制度を拡充するためには、税・財政構造の転換によって、持続可能な財源を確保します」としていますが、この振り分け方も正しいと思います。

私もずっと前から、社会保障のような経常的な支出については、インフレが進行したからといって削減するわけにはいかないので、支出による総需要の増大を景気加熱時には十分に打ち消せるような税制の仕組みを当てて、あたかも「財源」を当てているような形式をつけておくことが必要だと言っています。

3　利上げができないとわかっていればＯＫ

中に、超低金利政策をとってきたせいで、円安になっても利上げができないとある見解は全く同意できませんが、それはこの際どうでもいい。現在利上げできないという、正しい認識があることが重要です。それさえあれば、選挙共闘にも、連立政権にも支障はないでしょう。

4　「海外で稼ぐ」路線への批判が必要だ

では、大事なことでまだ足りないことがあるというのは何か。

決定的に重要なのは、「輸出で稼ぐ国から海外で稼ぐ国へ」という財界のスローガンへの批判が見られないことです。この路線こそ、国内での設備投資需要の不足から長期不況を招き、製造業空洞化で労働の非正規・低賃金化を進め、廉価輸入品で地場産業を潰して、中小企業を淘汰してきた元凶にほかなりません。こうして国内経済を衰退させておいて、日本の大企業は東南アジアなどの労働者を低賃金でこき使っておおもうけをあげているのです。

そのおかげで今や、昨年（２０２３年）の日本の対外直接投資収益は20・6兆円で、これは経常収支と同じ額になっています。このほかには、貿易・サービス収支の赤字をほぼちょうど対外証券投資収益で埋めているという構図になっています。日本資本主義は外国からの「あがり」で食っている寄生経済になっているのです。

これこそ、批判の真正面の的にすべきなのに、何も言及されていないところが最も残念なところです。

この問題への批判を取り上げているれいわ新選組においても、「帝国主義」という批判語を使うにはまだまだハードルがありますが、共産党さんこそが、この言葉を使うにふさわしい党名を冠しているはずだと思います。

5　産業の国内回帰を経済政策の柱の１つに

この政府財界の描く構図を逆転させるために、産業の国内回帰こそが、こちらの提唱する経済政策の中心の一つに据えられなければなりません。これが今回の経済再生プランに欠けている一番大事なことです。

しかし、一時的な優遇措置は別にして、長期的な制度としては、豊かな社会保障を維持するためには、大企業に高い法人税を課すことを欠かすことはできません。それはこの経済再生プランでも掲げているとおりです。

また、賃金を下げるわけにもいきません。この経済再生プランでも賃上げを強調していますし、それは疑いもなく正しいことです。

ではどうすれば、長期安定的に産業の国内回帰を図れるのか。

それは結局、円高を阻止すること以外にありません。

今、円安がある程度続いたことで、やっと生産拠点の国内回帰が進み出しています。しかし、いつまた円高が進行するかわからない状況では、安心して国内に生産拠点を戻すことはできないでしょう。

これは何のエビデンスもない私の「感想」ですが、1ドル120円になると、国内回帰はなかなか難しいと思います。130円前後を維持すれば、国内回帰は進むと思います。125円あたりが防衛ラインではないでしょうか。まわりに聞いてもだいたいそんなあたりという感じです。

具体的な値はともかく、この方向性を認めるかどうかというところから、金融政策論も財政政策論も自ずとでてくると思います。

6　追記：トリレンマの解決法

以上の評論記事で筆者が日本共産党に指摘したことは、要するに、

①日本の帝国主義化と淘汰路線に反対し、産業の国内回帰をめざすこと
②大企業に高い法人税を課し、大幅賃上げを実現すること
③円高を志向すること

この3つは、同時に成り立つことはないということである。

立憲民主党は、この②③を目指して、①を捨てているように見える。もしそうならば、前述の「リベラルな帝国」を目指していると言えるだろう。①を捨てるかぎり、支配層のグランドデザインを自民党や維新の会とともに共有する立場をとることになる。共産党もそこに追随していいのかということである。

帝国データバンクの2023年4月調査での企業の想定為替レートの平均は、1ドル＝127.61円、最頻値は130円[*2]とのことで、想定為替レートと国内回帰する為替レートとは同じというわけではないが、だいたい筆者の体感と一致していると言える。ただしこれは、法人税も賃金も現状を前提した時の話なので、我々が望むように、全般的な大幅賃上げと法人税の増税を実現した場合

には、安定的に国内回帰する為替レート水準は、もっと円安になるかもしれない。法人税増税や賃上げの勝ち取りようによっては、現状同様に150円台ぐらいになるかもしれない。

そう言われると、現状のような円安水準では輸入コストが高すぎて庶民の生活が苦しくなると考える人は多いだろう。では、庶民の生活が楽になるぐらいに輸入コストを抑える為替レート水準で、①②を存分に実現するにはどうすればいいのだろうか。円安でも庶民が困らないように財政支援で対処するという答もあり得るが、完全雇用になって国全体の供給能力がいっぱいになったら、租税をとってその財政支出のインフレ圧力を相殺することが必要になる。そこで大企業の法人税を上げたら、結局またもっと円安にしないと国内回帰が維持できなくなり、いたちごっこになってしまう。

財政支援に頼らず、庶民の生活が苦しくならない水準の円相場を実現しながら、①②を存分に実現するという、トリレンマの解決方法はないのだろうか。

それは結局は、**東南アジアなどの新興国の労働者の階級闘争と連帯して、現地の賃金が十分に上がるように、労働条件が十分に向上するように、国際的にサポートすること**に行き着く。これは、産業空洞化を防いで、日本の労働者の雇用や中小零細企業・個人事業の生業を守ることであると同時に、東南アジアなどの労働者の境遇をも改善する、ウィンウィンの解決である。

このためには、現地の強権体制が労働運動を抑圧することのないように、国際的な圧力をかけなければならない。労働運動を抑圧して低賃金で国際競争力をつけてダンピングをするようなケースに対しては、対抗関税をかけることも正当である。

そう考えた場合、共産党にはもう1つ、注文をつけるべきかもしれない。

それは、日本共産党の外交ビジョン「どうやって東アジアを平和と協力の地域にしていくか」[*3]についてである。そこでは、アセアン諸国による、域内の話し合いによる国家間紛争解決と、その平和的枠組みの東アジア・太平洋地域への拡大の取り組みを高く評価し、日本がアセアン諸国と「手を携えて」、東アジアの平和構築に取り組んでいくことを主張している。

問題は、アセアン諸国と言えば、ベトナムとラオスは腐敗した一党独裁、カンボジアは事実上の一党支配による世襲独裁、タイは軍事独裁、シンガポールも事実上の一党独裁、そしてミャンマーは今も民衆を殺戮し続けている軍事独裁政権の国だということである。それ以外の国も含めて、多くの国では、これまで進出日本企業が強権政府と癒着して、労働運動や住民運動の抑圧から利益を受けてきた。ほかならぬ日本共産党がこれまで、ミャンマーのクーデタ政権に対して厳しい対応をとり、日本政府による事実上の容認策を正しく批判してきたではないか。

アセアン諸国との連携と言う時、できあいの体制を前提して、日本が現地民衆に対する現地政府の抑圧をバックアップすることになってはならないし、新たな日本帝国主義が志向する勢力圏作りにつながる危険にも自覚的でなければならない。できあいの支配者との友好ではなく、労働運動の連帯など、民衆レベルの連帯に基づく連携を求めていることがはっきりした方針でなければならないだろう。

注

＊1　日本共産党の経済再生プラン――30年におよぶ経済停滞・暮らしの困難を打開するために――三つの改革で暮らしに希望を」

https://www.jcp.or.jp/web_policy/2023/09/post-966.html

＊2　帝国データバンク「企業の想定為替レートは平均１２７円61銭　輸入企業ほど円安水準を想定、事業リスクを厳しく設定」（PR TIMES, ２０２３年６月16日）

https://prtimes.jp/main/html/rd/p/000000675.000043465.html

＊2　https://www.jcp.or.jp/web_policy/2023/03/post-949.html

この補論は、２０２３年の９月23日に発表された「日本共産党の経済再生プラン――30年におよぶ経済停滞・暮らしの困難を打開するために――三つの改革で暮らしに希望を」について、２０２４年２月にブログのｎｏｔｅに書いた筆者の評論記事をほぼそのまま再掲した上、補足の追記をしたものである。

第7章補論③

円高時代の到来こそ警戒せよ

1　これから円高方向に向かう

現状の150円台の円安が持続することはない。アメリカの高インフレないし好況がいつまでも持続することはないからである。

円ドルの為替レートは、10年ぐらいのタイムスパンの月単位の動きは、ほぼ日米の長期金利差で決まる。図1は、2020年1月から2024年2月までの日米の10年もの国債の利回りの差と円ドルレートをグラフにしたものである。

きれいに動きが合っていることがわかる。

この間、コロナ期の巨額の積極財政*注の効果で、アメリカの景気が加熱ぎみで高いインフレになっているために、景気を冷やすために金利を高くしていた。この好景気が予想以上に強かったため

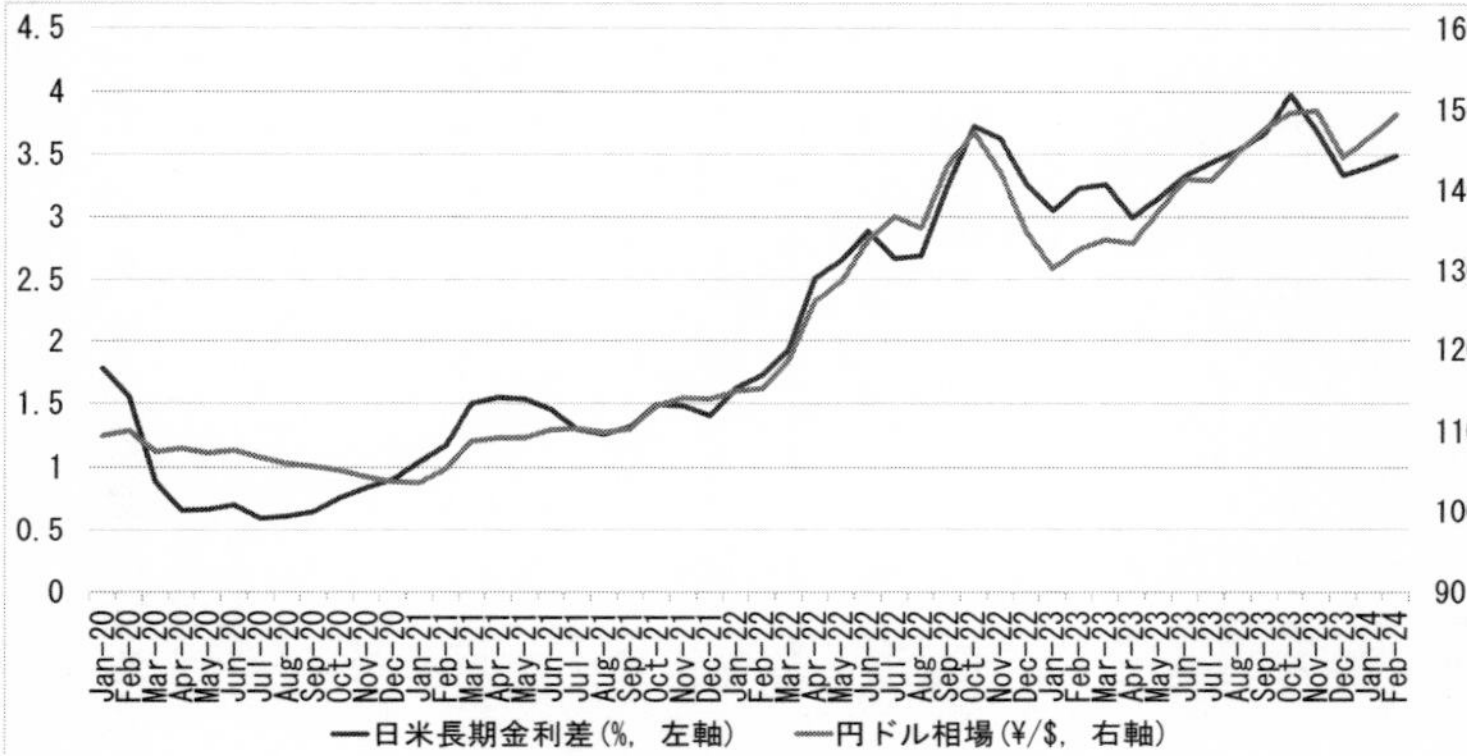

図1　日米長期金利差と円ドル相場

出典：日米財務省より

に、高金利が続いてきたのである。一方で日本は、他国と比べて財政出動が消極的だったために、景気の停滞が続いていて、少しでも金利を上げると倒産続出し、景気が悪化する恐れがあるので、低金利を維持しなければならなかった。そのために日米の金利差が広がって、１５０円台までの円安が進んでいたのである。

しかしアメリカでは、一時９％に達したインフレ率も、２０２４年２月現在３％台にまで落ち着いている。やがてインフレが目標の２％台に入れば、円ドル相場は利下げを見越して円高方向に動きはじめるだろう。

そこに、日本が金融緩和の打ち止めに動いているので、日米金利差の縮小から、円高方向の動きが進んでいく。このまま順調にアメリカ経済がソフトランディングするならば、アメリカでインフレが再燃する事態（その可能性はある）か、日本で景気を悪化させる出来事が起きない限り、この１、２年のうちには１３０円台に入り、日本の産業の国内回帰を脅かす１２５円ぐらいの水準に至るかどうかに、心を悩ませる状態になるだろう。

2　アメリカ景気持続なら日本利上げで円高時代

アメリカが景気後退期入りせず、景気が持続すれば、比較的円安による輸出の増大も手伝って、日本の景気は、いかに庶民に回復感がなくても、遠からず完全雇用を実現し、需要超過型のインフレのフェーズに入る。そうすると、そのインフレを2％に抑えるために、日銀は本格的に利上げを進めていく。

（なお、世上には、金利が上がると国債の利払いで財政負担が重くなるので利上げできないとの声があるが、そんなことは理由にはならない。国債の利払いは、額面で決まっているので、既発国債の金利が上がるわけではない。借り換えの時には市場金利に合わせて上がるが、大半の国債は日銀が持っているので、政府は日銀に利払いして日銀の儲けになる。日銀が儲けた分は、国庫納付金で政府に納めるので、結局「行ってこい」で払ってないのと一緒である。民間保有の国債は昔金利が高かった時代の期限の長い国債に偏っているので、今多少市場金利が上がっても、借り換えでかえって利払いは減る。結局、純粋に新規に発行される国債の利払いだけを心配すればいいのだが、それはどこの国でも同じことなので、ことさら日本だけできない理屈はない。日本の現状の財政赤字の対ＧＤＰ比は、他の先進国並みである。本当に大変になったなら、国債以外の利子に課税すれば、国債の利息額よりそれ以外の利息額の方がかくだんに多いので、金利が上がれば上がるほど税収が増えて国債の利払いは簡単にまかなうことができる。）

すると、ますます日米の金利差は縮まるので、円高が進むだろう。もしそこで2％インフレを維持しようとしたならば、**産業の国内回帰を持続できる水準よりも円高になってしまうことが強く懸念される**。産業の国内回帰ができないばかりでなく、正常なマクロ経済にとっても、過剰に円高になる恐れがある。こうした場合には、インフレ目標を3％なり、4％なりに緩めることが必要となるだろう。

（なお、世上にはまた、金利が上がると日銀保有国債の価値が下がって日銀が債務超過になるので円が暴落するとの議論があるが、そんなことはない。アメリカの中央銀行は、利上げで保有国債の価格が下がって、巨額の債務超過におちいったが、かえってドル高が止まらない。）

3　アメリカ景気急後退なら超円高も

さらに、近い将来で真に警戒すべきは、アメリカで景気後退が深刻化した場合である。現状の水準まで利上げしたら普通ならとっくに不況に転じているはずなので、これはあり得ない話ではない。そうなると、政府は景気刺激のために財政拡大策をとりたいところだが、議会は財政赤字の拡大を嫌って抵抗する可能性が高い。かくして、輸出拡大のためのドル高是正を言いはじめるだろう。もとよりアメリカ自身の利下げは進むだろうが、**日本側にも金融緩和の停止を要求するにちがいない**。特に、トランプ政権ができていたならば、容赦のない圧力になるだろう。

こうなった場合、市場関係者から当面為替介入はないことが見越されるので、円高進行に歯止めがなくなる。１００円を切ることも不思議ではない。そうなったならば、日本経済は再びデフレ不

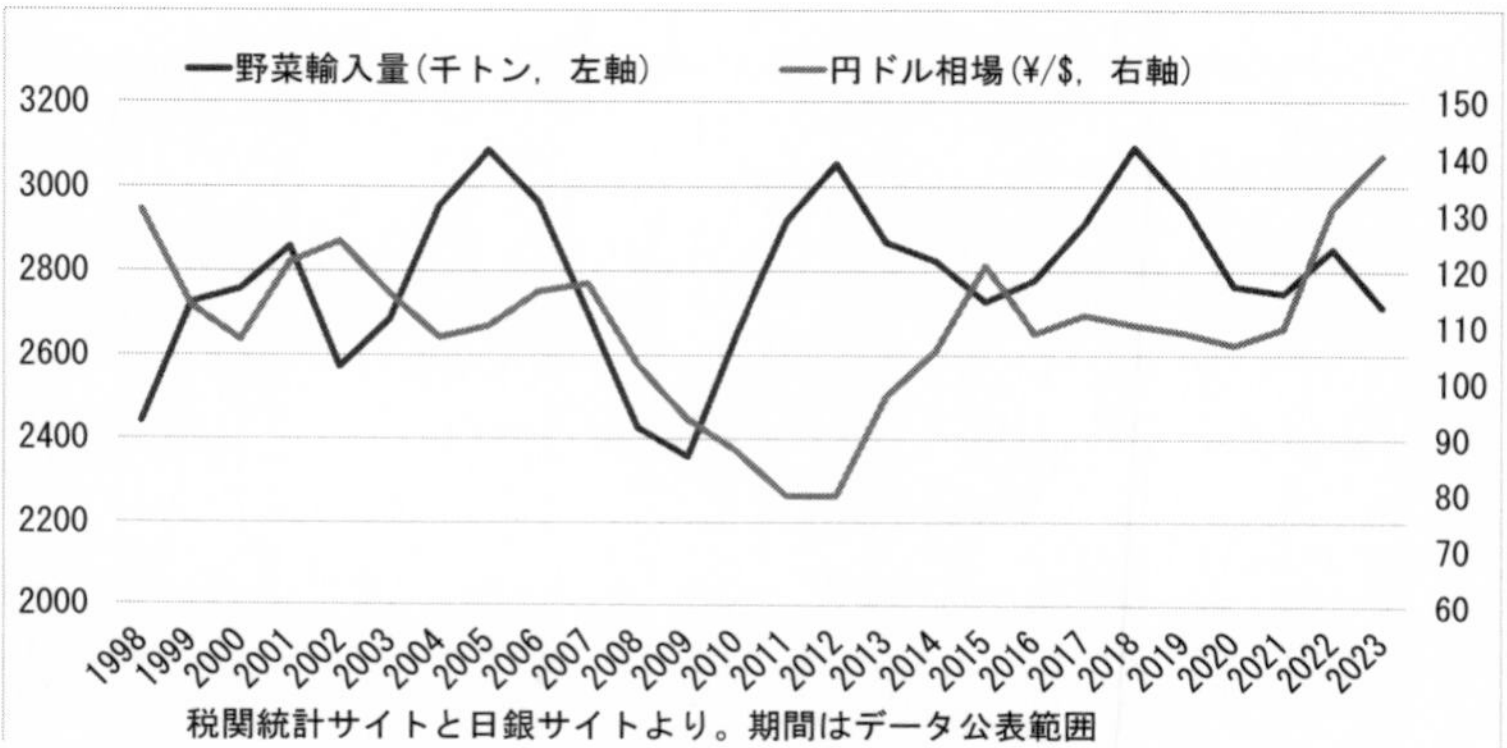

税関統計サイトと日銀サイトより。期間はデータ公表範囲

図2　野菜輸入量と円ドル相場

況に舞い戻る。

4　円高で農家・中小企業の淘汰が進む

いずれにせよ、これからの日本経済で警戒すべきなのは円高のほうである。円高の時代がやってきた時、農家や中小企業の淘汰はいっそう進む。

図2は、野菜輸入量と円ドル相場の関係を折れ線グラフで見たものである。２００８年のリーマンショックの不況の時には流石に円高でも輸入は減っているが、そのほかの時は、両グラフの山と谷が逆になっている。つまり、円ドル相場のグラフが下がる時、すなわち円高の時には輸入量が増え、円ドル相場のグラフが上がる時、すなわち円安の時には輸入量が減っていることがわかる。円高になると安い輸入品が入ってきて、国内の農家は圧迫されるのである。

図3は、典型的に中小企業が多い業種である織物用糸と繊維製品の輸出額と円ドル相場の関係を折れ線グラフで見たものである。こちらはきれいに上下の動きがそろっていること

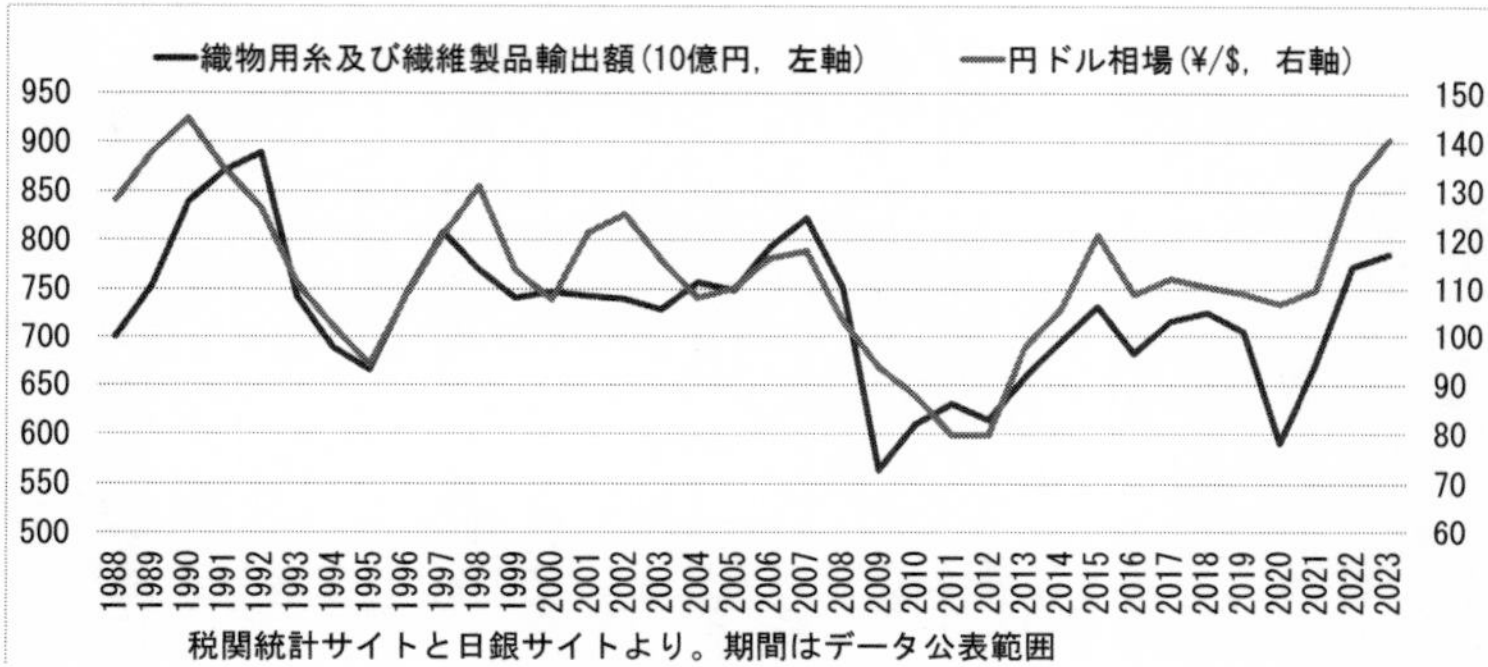

税関統計サイトと日銀サイトより。期間はデータ公表範囲

図3　繊維輸出額と円ドル相場

がわかる。すなわち、円ドル相場のグラフが下がる時、すなわち円高の時には輸出額は減り、円ドル相場のグラフが上がる時、すなわち円安の時には輸出額は増えている。

すなわち、繊維メーカーの業界では、円高になると輸出が減って業績が苦しくなると言うことである。

筆者は以前、２０１１年の１ドル70円台まで進んだ超円高の時期に、名古屋市の工場町の中小企業の経営者たちに講演をしたことがあった。終わった後の懇親会の場で、参加者たちはみな一様に暗い顔をして、もうやっていけないということを口々に語った。それぞれ自社の技術に自信を持っていて、地域で雇用を作っている責任も自覚しているのだが、でももう無理だ、タイに出て行こうかといった話をされ、何もできない無力感を感じたことを今でも思い出す。もう二度とあの超円高の時代のような円高にはしないという姿勢が、政治には必要である。

5　急な円安の弊害には利上げによらず対処できる

急な円安による所得の歪みには、逆方向の所得の再分配で対応すればよい。何も生産を増やさなくても金額が増えて「棚ぼた」で儲かった分の、輸出産業の利潤や海外からの利潤送金に課税して、燃料や穀物への補助金にすればいい。

あるいは、外国為替特別会計（外為特会）の剰余金（ドル）でアメリカから武器を爆買いするのもやめて、円に換えて民衆のために使えば、円安の急進への歯止めになる。剰余金で足りなければ、元来世界二位の巨額の外貨準備なのだから、円安によるその評価益ぐらいは使えるだろう。円買い介入で得た円資産は後生大事に持つ必要はないのだ。なぜなら円高への対処は、無から円を作って介入すればすむからである。

現在2024年春時点で、円安を止めるために利上げを主張する意見が見られるが誤りである。為替相場に安定的影響を与えるほどの利上げを今すると、たくさんの中小零細の事業者がゼロゼロ融資の借りかえができなくなったり、日頃の運転資金がコスト高で増えているのに借りられなくなったりして、事業断念に追い込まれてしまう。淘汰論者の思惑通りになる。ギリギリの採算で計画されていた設備投資が断念され、家のローンや奨学金の負担も増えて、生活の圧迫や進学断念が起こるほか、景気の足もひっぱられる。

そもそも利上げで円安が止まるのは、世界的にも儲けを求めて資金を動かす金融資本が、日本での運用に利益を見いだして円を買うからにほかならない。ギリギリ事業をしている庶民から利子をしぼりとって、究極には彼ら国際金融資本に差し出そうというようなことを、庶民の味方のつもりの政治家が言ってはならない。

円安の弊害は、コスト高が売り値に転化されたら消費者の暮らしが圧迫され、転化できなかったらその分、事業者の利益が圧迫されることにある。これはそのまま、消費税の弊害と同じである。よって円安の弊害への最も効果的な対策は、消費税の減税である。

注

＊ＩＭＦが２０２１年10月に公表したデータによれば、アメリカは、コロナ対策のために２０２０年以来ＧＤＰの25％にあたる５・３兆ドルあまりの追加財政負担を行った。日本は16・７％となっているが、これは水増しがあるうえ、結局30兆円にのぼる巨額の執行残を出している。執行残を引けば10％ちょっとということで、主要英連邦諸国よりは少なくなる。

ＩＭＦのデータでは、アメリカではこの巨額の財政支出の裏で、２０２０年２月から４月までのわずか２か月で中央銀行が約１・５兆ドル（２か月でＧＤＰの４割ほど）の国債を買い入れており、マネタリーベースが約１・77兆ドル増えている。20年２月から21年末までの間に買いました国債は、約３・２兆ドルほどになる。政策金利は、年３月に、それまでの１・％から０・％に一気に引き下げられた。要するにものすごい金融緩和である。

つまり、アメリカは財政政策も金融政策も大胆に拡張したのに対して、日本は見劣りがするものだった

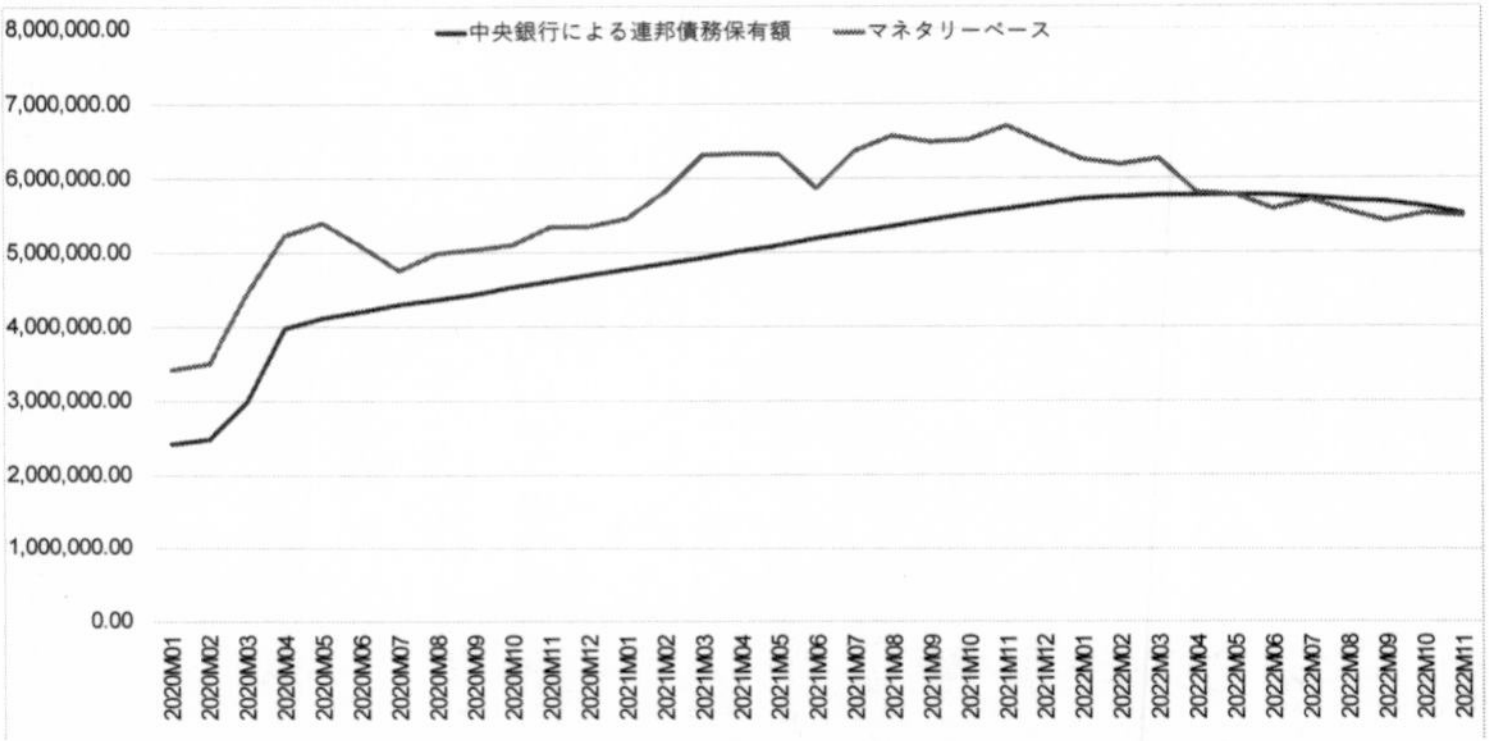

図　アメリカの中央銀行による国債保有額とマネタリーベースの推移

IMF "Surveys Based on Standardized Report Forms (SRFs) by Country," United States, Central Bank.　単位は百万ドル

ということである。実際、大量のお金が出されたために、アメリカの長期金利は低下して日米の金利差が縮まっていき、それに合わせて円高が進行して２０２１年１月の１０３円台にまで至った。

この補論は、２０２３年2月24日にｎｏｔｅに投稿した拙記事を、冒頭部分を削って、残りをほぼそのまま再掲したものである。

第8章 ウクライナ侵攻の帝国主義的背景としての穀物資本進出争い

1 これまでのｎｏｔｅでのウクライナ戦争関係の拙論の主張

私もメンバーである「基礎経済科学研究所」の機関誌である『経済科学通信』の２０２３年６月発行の第１５７号に拙稿「帝国主義再分割闘争時代の中のウクライナ戦争」が載っています。前年の６月の同研究所のシンポジウムをもとにした特集、「『ウクライナ戦争』と世界経済・国際秩序のゆくえ」の特集記事の一つで、そのシンポでの私の報告を短い論文にしたものです。

私のブログｎｏｔｅでも私はこれまで、ウクライナ戦争について、プーチン政権による「**帝国主義再分割戦争**」ととらえ、**「国 vs 国」の図式で見るのではなく、「上 vs 下」の図式で見なければいけない**ということを言ってきました。

「れいわ新選組のウクライナ侵略非難国会決議への反対理由について思うこと」[*1]では、世界の支配層の勢力圏争いの犠牲になっている民衆——もちろん戦禍下のウクライナ民衆はその最たるもの——の目線に立つこと、ロシア民衆の反戦の闘いに連帯し、究極には彼らがプーチン政権を打倒することに解決の本筋を見るべきことを主張し、そうした文言が見られないことについて、れいわ新選組のウクライナ侵略非難国会決議への反対の声明に苦言を呈しています。

また、「アメリカ民主的社会主義者（DSA）の討論サイトに掲載された『陣営主義』批判記事和訳」[*2]では、オカシオコルテスさんたちが属しているアメリカの社会主義団体「アメリカ民主的社会主義者」内部の論争で、「陣営主義」と呼ばれて批判されている発想法についての記事を、和訳して紹介しました。「陣営主義」とは、世界をアメリカの与国と、発展途上諸国の中にあるアメリカに対する敵対国とに世界を分けて、両者の間の対立に万象の説明原理を求めて、ともかくアメリカに対する敵対国の政府の側につく発想のことです。この記事自体は、ウクライナ戦争前の2020年に書かれたものですが、その後ウクライナ戦争が始まると、まさしくこの「陣営主義」の見方どおりに、ウクライナの政府・国民まとめてアメリカ側、ロシアの政府・国民まとめて反アメリカ側と描き出し、ロシア側にシンパシーを抱く立場が現れました。

このどちらの拙記事でも私は、今、日本資本主義が東南アジアに怒涛の企業進出していて、日本政府はそれを国際協定や、究極には自衛隊の実力で保護するという、地域帝国主義に向かう道に乗り出しており、将来的にはそれがアメリカ帝国主義と紛争を起こす可能性もなくはないことにてらし、「今日のロシア帝国主義を許す者は明日の日本帝国主義を許す」と評しました。

2 世界を覆う帝国主義再分割闘争の時代

先述の『経済科学通信』の拙稿も、やはり同様の立場から、かつてのレーニンの帝国主義規定にてらして、今次戦争におけるプーチン政権の帝国主義としての性格を分析したものです。レーニンの『帝国主義論』での説明をごく簡単に言うと、資本主義の発展が行きつくと、発展途上地域に資本が進出するようになるので、進出した自国資本を守るために軍事的に勢力圏下におくのが帝国主義だとされています。そして、遅れて発展してきた資本主義は、既存の勢力圏秩序に対して、勢力圏の再分割を要求して帝国主義戦争に乗り出すのだとされています。

今日、アメリカ資本主義の相対的な地位の低下にともない、それに追いついてきて、周辺に資本進出した世界各地の相対的大国が、その進出先を勢力圏下に置こうとする地域帝国主義に乗り出しています。特に顕著なのは、ＥＵを「第四帝国」としたと言われるドイツ帝国主義です。

前述のとおり、日本も東南アジアを中心に怒涛の資本進出をして、ＴＰＰやＲＣＥＰで投資保護圏を作り、いざという時には「邦人保護」を名目に自衛隊を派兵して守る地域帝国主義の体制作りに邁進しています。同じような動きは、中国でも、インドでも、トルコでも、オーストラリアでも見られます。こうした動きは、アメリカ一極支配よりマシだとは断じて言えません。世界の民衆が力を合わせて阻止すべきことです。そして、ロシアの動きもまさにこの一環だったと言えます。

3　パトルシェフという名前の農相がリードした穀物商社トラスト化

『経済科学通信』に載せた拙稿は、ウクライナ戦争に至った背景としての、穀物資本進出をめぐる勢力圏争いについて整理したものです。改めてここで、そこで取り上げた情報を紹介したいと思います。

私が、ウクライナ戦争の背景について資料を探していた時に、まず目についたのが、ジェトロ（日本貿易振興機構）が２０１９年に出していた記事[*3]でした。

ここでは、ロシア穀物大手商社４社が外資系商社を排して企業連合を作ったとする報道がなされています。これは、ロシア農業省が主導してできたもので、西側外資系を含む既存の企業連合（ＮＡＥＳＰ）の会長は「必要性が理解できない」と批判した上で、「ＮＡＥＳＰは農業省とは異なる独自の見解を持っているため、同省にとっては扱いにくい組織だろう」とコメント。農業省が穀物市場の需給に影響を一層及ぼすためのツールではないかとの見方も示されている」とのことでした。

私の目を引いたのは、ここで、すでに3か月前に「主要な輸出事業者の利益を代表する強力な企業連合を形成する必要がある」と述べて、この構想を提唱していた農業大臣の名前です。**ドミトリー・パトルシェフ農業相**と書いてあります。パトルシェフと言えば、プーチン大統領の懐刀で、ウクライナ侵攻を主導したともされるニコライ・パトルシェフ安全保障会議書記のことが連想されます。

調べてみたら、はたして、ドミトリー・パトルシェフ農業相は、ニコライ・パトルシェフ安全保障会議書記の息子でした。父の方は、旧ソ連時代のKGBからそのままFSBの職員として出世して長官になった経歴の、シロビキ閥のドンのような人物です。息子もまた、農学出ではなく、外交アカデミー、連邦保安庁アカデミー出身のシロビキ閥の人物です。

つまりこの決定は、単純な農業政策ではなくて、父親も関与するハイレベルの国家戦略的判断でなされたものではないかと想像されます。そもそも**農業大臣のこの選定**（2018年）**自体**が、国家的大戦略のもとになされたものなのではないかとも推測されます。

4　小麦輸出大国にとっての戦略的位置付け

この背景としては、穀物、特に小麦が、ロシア経済にとって重要な主要輸出品目に発展しているという事情があります。いまや世界の小麦輸出国の中のトップです。先2023年8月27日の日経新聞ウェブ版の記事[*4]では、「2023年7月の世界供給に占めるロシア産小麦の割合は35％に達し、23年度の輸出量が過去最高になる見通しだ」と報じられています。

私の少年時代の思い出では、ソ連は、膨大な穀物を毎年輸入していて、アメリカに胃袋を握られていた状態でした。ところが、今世紀に入るぐらいから生産が高まり、一挙に世界最大の小麦輸出国になっています。

特に、原油が価格低迷する時期に、ルーブル安で輸出拡大して主要輸出品目になったという事情があります。もちろん、原油や天然ガスと比べたらまだまだ桁が違いますが、しかしロシア政府も、いつまでも原油や天然ガスに頼るわけにはいかないとはわかっていたはずです。いつか原油や天然ガスが世の中から今のようには必要とされなくなった時、いくつかある頼みの綱の有力な1つであることは間違いないでしょう。

また単に輸出で稼ぐという位置付けだけではなくて、プーチン政権には、食糧を握ることで国際的なパワーにするというような思惑もあるように思われます。

しかしまだロシアの小麦生産は、粗放的で天災の影響を受けやすい弱点があります。[*5] 品質も安定していないので、あまり品質について問われない中東・アフリカが主な輸出先になっています。こんな中で、ロシアの支配体制にとって有利になるように、国家主導で輸出調整を行って、安定的な利益を得られるようにしようというのが、パトルシェフ農業相のもくろみだったと思われます。

5　ロシア資本の進出先であり、競合しなかったウクライナ農業

では、このように小麦輸出を国家戦略化する目線から見た時、ウクライナはどのように位置づけられるでしょうか。

ロシアとウクライナの小麦の輸出先は、中東・アフリカでかぶっているのですが、もともとは、**ウクライナをトウモロコシ、ロシアを小麦で棲み分けて、相対的に競合を免れてきました。**[*6] というのも、日本の農水省大臣官房国際部の2012年段階での見解では、ウクライナ農業は、農地が肥沃で潜

在力は高いが投資不足で潜在力の半分しか生産できていないとされていました。

三菱UFJリサーチ&コンサルティングが2011年に農水省に出した報告書[*7]によれば、ウクライナの独立後、2010年代に入った頃までの農業事情が次のように描かれています。

- 大規模農業コングロマリットが、土地を農民からリースして垂直統合的に生産している。
- そこでは、**ロシアの主要な穀物商社**の進出が進んでいた。
- たしかに**西側資本（穀物メジャーなど）もいたが、進出が進んでいなかった。**規制・法制度が未整備・不安定だったためである。

つまり、もともとのウクライナでは、ソ連時代の集団農場の解体で自営農経営が発展したのではなく、ロシア資本が進出してそのもとで農業の資本主義化（企業経営化）が進んでいたということです。しかし、西側資本と比べて技術が低くて投資不足で、肥沃さの潜在力を発揮できておらず、生産はトウモロコシが中心でロシアの小麦輸出と競合するものではなかったわけです。

6　西側資本の進出先に入れ替わった

ところが、服部倫卓（2014）によれば[*8]、財閥が親露ヤヌコビッチ政権に近かった東部中心の重工業が斜陽化するのに対して、農業・食品業の比重が拡大しています。そして、親露ヤヌコビッ

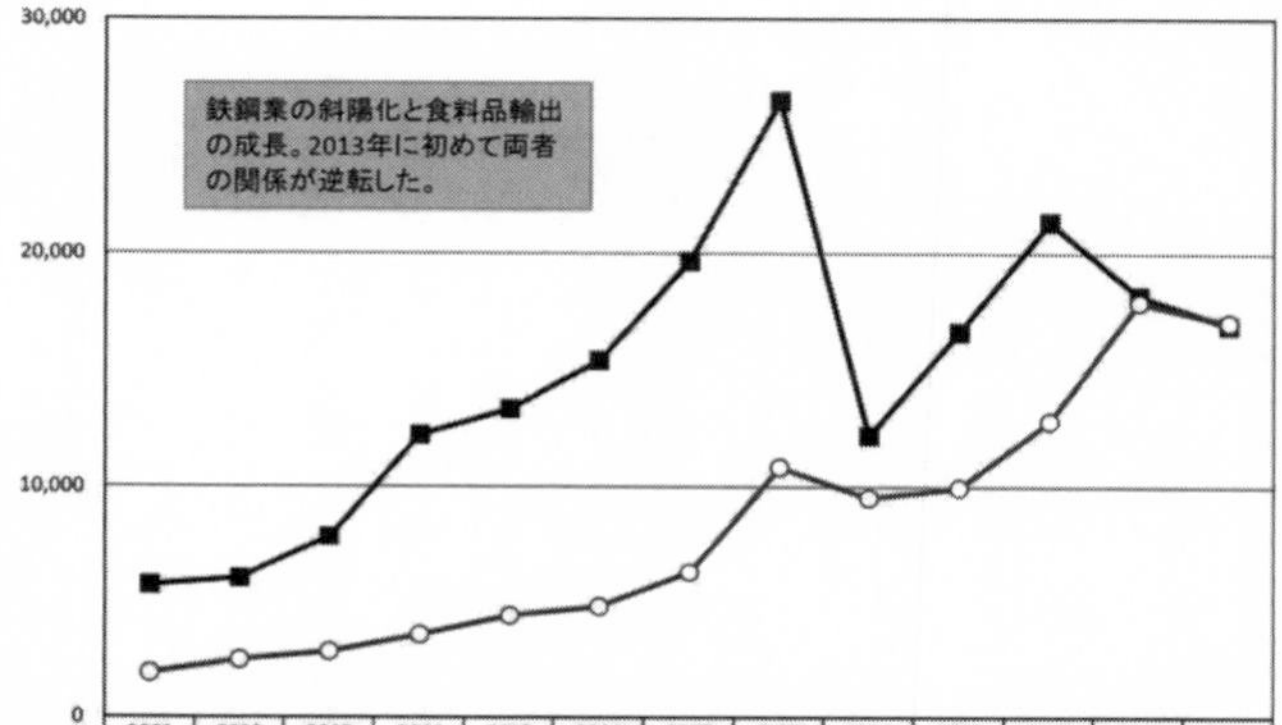
30,000
20,000
10,000
0
鉄鋼業の斜陽化と食料品輸出の成長。2013年に初めて両者の関係が逆転した。

	2001	2002	2003	2004	2005	2006	2007	2008	2009	2010	2011	2012	2013
―■― 鉄鋼・鉄鋼製品（72-73）	5,627	5,928	7,808	12,216	13,338	15,413	19,656	26,488	12,199	16,620	21,310	18,178	16,909
―○― 食料品、農産物（01-24）	1,834	2,389	2,732	3,473	4,307	4,713	6,248	10,825	9,515	9,936	12,804	17,881	17,024

図１　ウクライナの鉄鋼輸出と食品輸出の推移（100 万ドル）
出典　服部倫卓「ウクライナ政変とオリガルヒの動き」『ロシア・東欧研究』第 43 号

チ政権が追放された２０１４年の「マイダン革命」を前後して、両者は逆転しています（図１）。

この背景には、西側資本の進出があると考えられます。同じ頃に執筆されている Fraser（2015）[9]によれば、２２００万haのウクライナの農地が外国企業の支配下にあるとされています。そこであげられたすべてが西側かサウジアラビアかキプロスの資本であり、ロシア資本は見られません。

さらに、２０２０年には、農地の市場取引を自由化する法律が成立しています。それを伝えるジェトロの記事「ゼレンスキー大統領が『農地市場法案』に署名、農地売買自由化へ（ウクライナ）」（２０２０年５月８日）[10]によれば、大統領府は、「ウクライナ市民の農地私有権の行使が保証され、農業部門への投資拡大にも貢献するだろう」としています。「このような肥沃な土地の売買をある程度自由化することで、巨額の投資を呼び込める可能性があると法案を支持する者がいる」とも書いてあります。

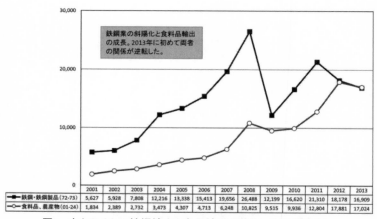

「農地売買の改革はウクライナがＩＭＦからの財政支援を受ける条件の一つでもある」とも書いてありますので、「投資」と言っても、これで呼び込まれる投資が西側資本の投資であることは明らかです。この法律を、農民から土地を取り上げて大資本を富ませるものだとして批判するReicher and Mousseau（2021）は、すでに大企業による農地支配は６００万haにのぼると述べています。その最大のものはルクセンブルクで登記されているとのことです。アメリカやサウジアラビアやフランスの資本の企業の名前も見られます。

つまり、**２０１０年代に入る頃から、ウクライナ農業への西側資本の進出が進み、２０１０年代半ばには、それまでのロシア資本に代わってメジャーな進出資本になっていた**ということです。そして、それが**２０２０年の農地取引の自由化によって、いっそう促進されるようになった**というわけです。

7　ロシアの穀物輸出と競合するまでに発展

以上の背景を頭におきながら、侵攻直前2月17日のロイターのウェブ記事「「ウクライナの比類なきトウモロコシ増産がライバル輸出国を侵食」（Braun, 2022）[*12]のグラフ（図２）を見ると、ウクライナの穀物生産は、小麦もトウモロコシも、２０１０年代前半を過渡期として、変動の大きな微増傾向から、比較的安定した高い増加傾向に転換していることがわかります。

特に、輸出を見ると、政変期の小麦の輸出の急増ぶりが見て取れます（図３）。

こうして至った近年のロシア、ウクライナの穀物輸出の競合関係については、詳しくは、図３グ

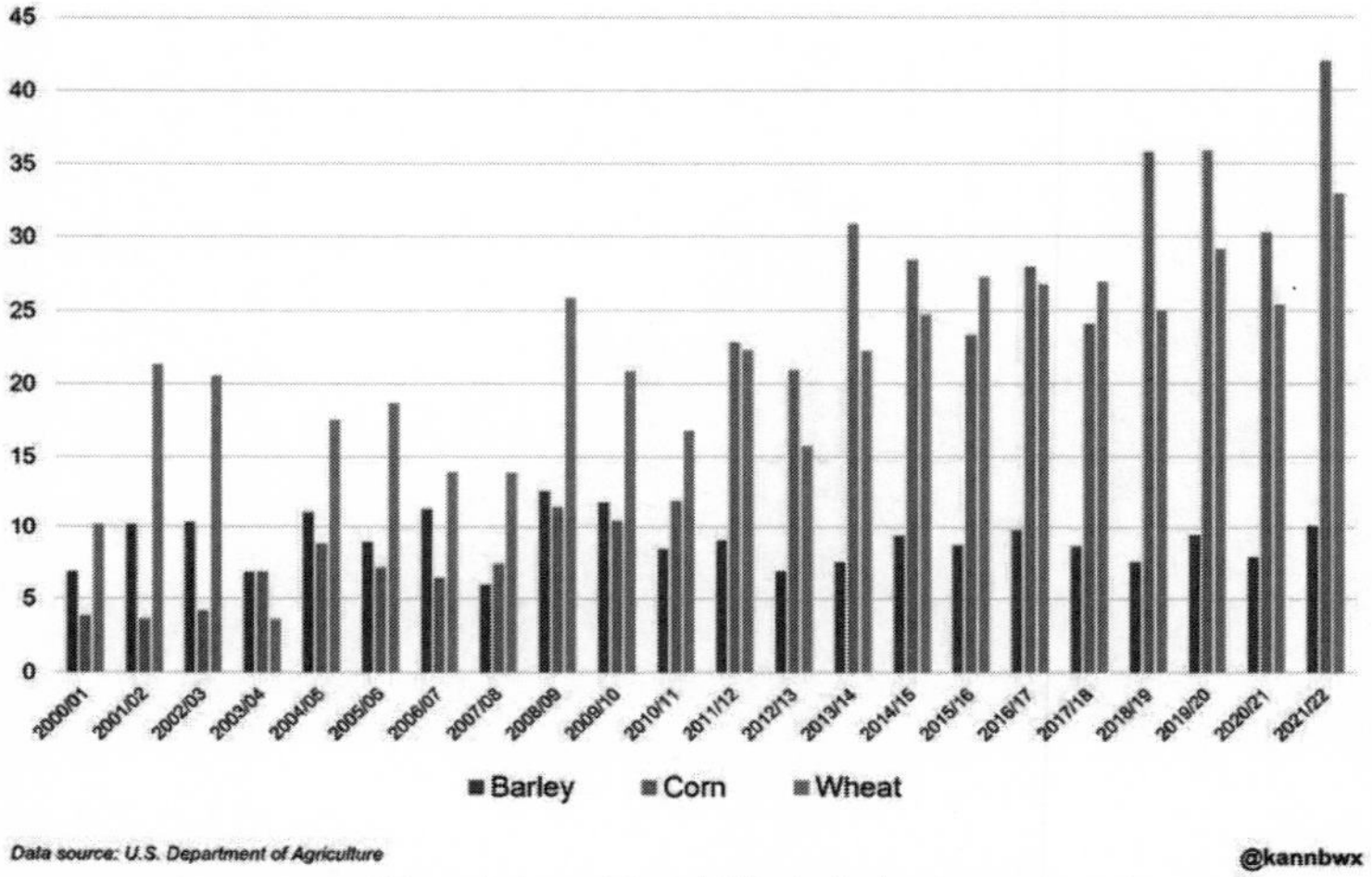

図2　ウクライナの穀物生産高（100 万トン）

出典：Column: Ukraine's unmatched corn crop gains encroach on rival exporters | Reuters

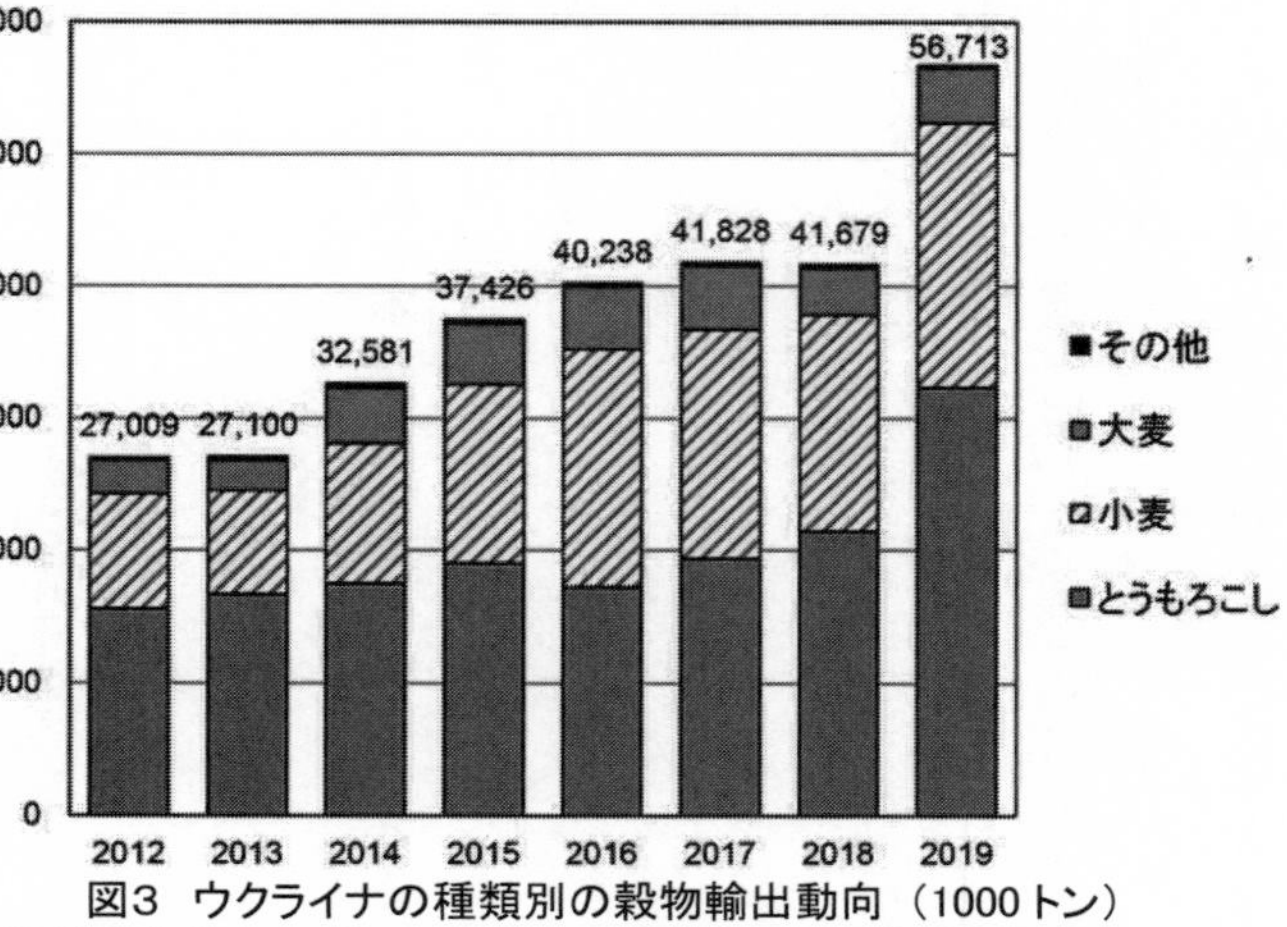

図3　ウクライナの種類別の穀物輸出動向（1000 トン）

出典：服部倫卓「ロシアとウクライナは穀物輸出の好敵手同士」（朝日新聞ＧＬＯＢＥ　2011 年 1 月 12 日）

ラフが載っている、2021年の朝日新聞GLOBEの服部倫卓さんの記事「ロシアとウクライナは穀物輸出の好敵手同士」(2011年1月12日)[*12]をご覧ください。

侵攻前年の段階での服部さんの目では「好敵手」だったかもしれませんが、当のロシア当局の認識では、ただの「敵」だったのかもしれません。もともとこっちの資本が支配する「ショバ」だったのが、ショバ争いに負けて西側資本の進出先になった上でもたらされた競合関係なのですから。

服部さんの記事中でも、依然としてウクライナの小麦は、品質が低く、安定していないことが指摘されています。気候の影響も受けやすいそうです。しかし、今後、土地取引自由化の効果も得て、さらに西側資本の進出が進むと、もっと効率が改善され、元来肥沃な土地の、高い潜在力が現実化されるでしょう。それはロシア当局にとっては恐るべき事態なのだと思います。

それゆえ、もしウクライナの政権をすげ替えて、土地取引の再規制等々でウクライナ農業から西側資本を放逐して、国家主導のトラストにまとめたロシア穀物資本を再進出させることができたならば、そして、もとのとおりにロシアの小麦輸出と競合しないトウモロコシ輸出に特化させることができたら、パトルシェフ農相らの国家的穀物輸出調整戦略にとっては安泰なことになるでしょう。全部トウモロコシに戻すのでなくて小麦生産を続けるとしても、ロシア資本が支配するもとで輸出調整の中に組み込むことができれば、万々歳なわけです。

ついでに付け加えると、長友謙治「農水産物純輸出国への転換、輸出規制の拡大、ウクライナ侵攻」(2022)[*13]によれば、2021年には、中央ロシア地域における冬小麦のウインターキル(冬期の厳寒や春の寒の戻りによる枯死)や沿ヴォルガ地域等における夏期の干ばつによって、ロシア産小麦が減収するという事態が発生しました。こんなことが今後も起こった時に、隣国で安定的に大量の小麦が世界市場に供給されるという事態になる予想は、ロシア当局に大きな危機感を抱かせたのではないかと思います。

私は以上のことが、プーチン政権によるウクライナへの軍事侵攻の背景にあると思っています。少なくとも後押しにはなっているはずだと思います。その意味で、**資本の進出先の奪い合いという帝国主義戦争の性格**を指摘できると思っています。

8　侵攻につながりそうなその他の経済的要因

もちろん、以上のことだけがウクライナ侵攻の原因というつもりはありません。ほかにも多くの要因が重なっていると思います。しかし、その候補として、同じように経済的なものがいくつもあげられることは指摘しておかなければなりません。

例えば、ロシアが親露ヤヌコビッチ政権に貸し付けた年利5％の債務が30億ドルあったのですが、クリミア併合後の２０１５年、ウクライナ政府が債務返済を中断して紛争になってきました。プーチン大統領がウクライナの政権を自分達の手下にすげ替えることができれば、この返済も再開できます。

レーニンの『帝国主義論』が描写するように、海外への金融的投資も資本輸出の有力な形態です。農業資本の場合同様、やはり対外投資防衛のための武力行使という、帝国主義の性格を指摘できるわけです。

いや、そもそもを言えば、親露ヤヌコビッチ政権が失脚したいわゆる「マイダン革命」のきっかけとなったのは、同政権がEUとの政治・貿易協定の調印を見送ったことでした。その後、EU加盟交渉が進展しています。もし本当に加盟することになれば、ヨーロッパ資本が怒涛の進出を果たし、ロシア資本も、斜陽重工業の親露財閥も、出る幕はなくなるでしょう。政権をすげ替えればこれを阻止できます。

また、「れいわ新選組のウクライナ侵略非難国会決議への反対理由について思うこと」の投稿でも書いたように、ロシアからウクライナを経由してヨーロッパにガスを送るパイプラインから、これまでウクライナはしばしばガスを抜き取っていた上、ロシアは通行料を払っていました。政権をすげ替えれば、ガス抜き取りをやめさせられるし、通行料も値切れます。

また、ロシアにとって唯一まともに外貨が稼げる製造業製品は兵器だと思いますが、ウクライナ軍の兵器体系が西側のものになったら市場を失ってしまうという問題もあります。

もし、プーチン大統領自身が実際に語っているように、大ロシア主義の大言壮語が侵攻の理由ならば、気が触れたというほかありません。(もちろん、実利の下心があって戦争を始めた者たちが、負けがこんでくると、高尚な大義名分で正当化を図り、しばしば自分でもそれを信じ込むようになることは、先の日本の軍部の例にも見られる通例であり、今のプーチン大統領がそれに陥っていることは十分にあることであるが。)

もし、NATOの東方拡大がもっぱらの原因ならば、たとえスムーズにゼレンスキー政権を除去して傀儡政権を立てることができたとしても、恐怖にかられたフィンランドやスウェーデンがただちにNATO加盟を果たすことは明らかですので、ヤブヘビなことをした愚か者ということになるでしょう。

しかし、右記のような経済的実利のための戦略が原因ならば、多くの西側の専門家もそう思ったように、電撃的に政権をすげ替えることが簡単にいくという予想を前提するならば、プーチン大統領は、十分に頭がいい極悪人だということになります。

9 双方が戦争のどさくさ紛れの食い物に

今日ウクライナでは、戦争が長引く中で、ロシア軍が農地に大量に設置した地雷のために、広いエリアで耕作が困難になっています。また、ロシア占領地のカホフカ水力発電所の巨大ダムの決壊にともなう洪水で、やはり多くの農地が当分の間使い物にならなくなっています。もちろん、輸出港が破壊されたり、黒海の航海の安全が脅かされたりしていることも、ウクライナの穀物輸出の障害になっています。

その一方で、経済制裁にともなうルーブル安も手伝って、ロシアの小麦輸出は空前の規模に達しています。ウクライナはもちろん、異常気象の影響でオーストラリアやカナダも生産が減っていて、先述のとおりロシア産小麦は世界の小麦輸出の35%に達し、一人勝ちの状態です。

ここまでもが最初から作戦のうちだったというつもりは毛頭ありませんが、結果として見ると、右記に推測したロシア当局側の思惑どおりになっていると言えます。

他方で、西側資本による火事場泥棒的なウクライナ進出も進んでいます。先に引用した2本の英文記事は、いずれも、オークランド・インスティテュートという研究所で出されたものですが、この研究所は、主に発展途上国における土地取引を批判的に検証しているプログレッシブ派の団体です。このオークランド・インスティテュートから今年2月、"War and Theft: The Takeover of Ukraine's Agricultural Land（いくさ場泥棒：ウクライナ農地の乗っ取り）"という報告書が出ています。[*14]

私はまだこの報告書を読んだわけではないのですが、右の注記先の紹介文によれば、上記に述べた土地取引の自由化以降、戦時下で、アグリビジネスを支配する一部のオルガルヒが、欧米の金融機関から大規模な融資を受け、大土地の集約をしているそうです。「最大の土地所有者は、ウクライナのオリガルヒと外資系企業（主にヨーロッパと北米、そしてサウジアラビアの政府系ファンド）のミックスである。米国の著名な年金基金、財団、大学の基金が、米国を拠点とする民間エクイティファンドであるＮＣＨキャピタルを通じて投資している」とのことです。

そして、先の注記先には、この報告書の結論が次のように引用されています。

> 戦後復興に向けた道のためにはなによりも、もはやオリガルヒや腐敗した者に支配されることのない、土地と諸資源がウクライナ人全員によって管理され、ウクライナ人全員に利益をもたらすような農業モデルを第一にしなければならない。（拙訳）

全くそのとおりだと思います。

＊1 https://note.com/matsuo_tadasu/n/n0de95fb375c7

＊2 https://note.com/matsuo_tadasu/n/nccab11477c5b

＊3 「穀物輸出調整に向け、新たな企業連合を設立（ロシア）」ジェトロの海外ニュース・ビジネス短信、２０１９年５月２日 https://www.jetro.go.jp/biznews/2019/05/2a0b1dc399d97458.html

＊4 「ロシア小麦輸出、最高に 今年度予測 食料安保に影 穀物合意が停止、豪州で異常気象」日経新聞、２０２３年８月27日 https://www.nikkei.com/article/DGKKZO73927740W3A820C2EA5000/

＊5 農林水産政策研究所上席主任研究官・長友謙治「ロシアの農業・農政――世界最大の小麦輸出国となった背景――」、農林水産政策研究所研究成果報告会、２０１９年２月19日 配布資料 https://www.maff.go.jp/primaff/koho/seminar/2018/attach/pdf/190219_01.pdf

＊6 大臣官房国際部「海外農業投資をめぐる状況について【ウクライナ】」農林水産省平成24年11月資料 https://www.maff.go.jp/j/kokusai/kokkyo/toushi/pdf/ukuraina.pdf

＊7 農林水産省平成22年度自由貿易協定等情報調査分析検討事業「ウクライナにおける農業投資関連情報の調査・分析 最終報告書」三菱ＵＦＪリサーチ＆コンサルティング https://www.maff.go.jp/j/kokusai/kokkyo/toushi/pdf/ukraine_report_2011_03.pdf

＊8 服部倫卓「ウクライナ政変とオリガルヒの動き」『ロシア・東欧研究』第43号、２０１４年 https://

www.jstage.jst.go.jp/article/jarees/2014/43/2014_2/_pdf

＊９ Elizabeth Fraser"Who Owns Agricultural Land in Ukraine?", Oaklandinstitute, May 8, 2015 https://www.oaklandinstitute.org/blog/who-owns-agricultural-land-ukraine

＊10 https://www.jetro.go.jp/biznews/2020/05/7e6eb99f7b6497d3.html

＊11 Ben Reicher and Frederic Mousseau "Who Really Benefits from the Creation of a Land Market in Ukraine?", Oaklandinstitute, August 6, 2021 https://www.oaklandinstitute.org/blog/who-really-benefits-creation-land-market-ukraine

＊12 https://globe.asahi.com/article/14098062

＊13 長友謙治「第３章 ロシア――農水産物純輸出国への転換、輸出規制の拡大、ウクライナ侵攻――」農林水産政策研究所［主要国農業政策・貿易政策］プロ研資料 第９号（２０２２年３月） https://www.maff.go.jp/primaff/kanko/project/attach/pdf/220331_R03cr09_03.pdf

＊14 https://reliefweb.int/report/ukraine/war-and-theft-takeover-ukraines-agricultural-land

この章は、２０２３年９月５日にｎｏｔｅに投稿した拙記事の本文を、些少な補正の上、ほぼそのまま再掲したものである。

第9章　ガザ虐殺の経済的背景

1　今世紀のイスラエルがここまでエグくなったのはなぜか
ファミリーマートさんがまた使えるようになってよかった

京都ではこのところ、毎週土曜日の午後3時から、京都市庁舎前でのガザ反戦集会とその後のデモが行われています。土曜日というのは何かといろいろあって、参加できないことも多いのですが、何もなければ極力出るようにはしています。

ある時その集会の中で、そのころ総合商社の伊藤忠がイスラエルの軍事企業と協定を結んでいたので、伊藤忠の系列会社であるファミリーマートを使わないよう呼びかける発言がありました。それ聞いて、弱ったな〜と思って。今住んでいるところの一番近くにあるコンビニがファミリーマートで、しょっちゅう使っていますので、これが使えなくなったら生活に大いに支障をきたしてしまう。ど～しよー……って。そうは言ってもやっぱりそんな話を聞いてしまった以上は、行くのもなんか気がひけるので、行かない日々がその後続きました。別に何の深い思想性も覚悟もないのですが、ただなんとなく。

でもだんだんと不便さが効いてきて、根をあげそうになった。何の思想性もなく気分で行かないだけだし、伊藤忠のせいで現場のオーナーやバイトの外国人労働者が困るのもなんか違う気がする。こっちはこだわる気は何もないのだから、もう行っちゃえ……と何度も思ったのですが、結局行かないままという日が続きました。

しかし、ついにもう限界だ。今度こそ根を上げたぞ。と、思った時、伊藤忠がこの協定をやめることを発表し、晴れて大手を振ってファミリーマートで物を買えるようになったのでした。ありがとー伊藤忠さん！　ほんま助かったわ。

2　かつてのイスラエル経済はパレスチナ人労働者に依存していた

さて、イスラエル政府によるガザ民衆への大虐殺が起こった経済的背景を探ってみようと思います。というのは、以前はパレスチナ人は長いこと、イスラエルで底辺労働を担っていて、彼らなしには社会が成り立たなかった事情があったのです。だからそんな時代には、パレスチナ人をイスラエルから締め出して皆殺しにするなどということは、もとより不可能だったのです。なのにどうして今こんなことになったのでしょうか。

西岸とガザは安価な不安定労働者の供給源だった

まず、以前はどうだったのかを確認しましょう。
春秋社のウェブ雑誌に2019年に掲載された、早尾貴紀さんの「希望のディアスポラ――移民・難民をめぐる政治史」*1には、次のように書いてあります。

イスラエルが西岸地区とガザ地区を軍事占領下に置いた、1967年の第三次中東戦争以来、半世紀以上にわたって万単位のパレスチナ人がイスラエル領へと労働者として「通勤」し、イスラエルのユダヤ人の雇用主のもとで労働している。これらのパレスチナ人労働者たちの多くは、イスラエル社会へ入って、程度の差はあれヘブライ語を操りながら働き、賃金を得て、そして西岸地区・ガザ地区の家へと帰っていく。

もちろんこれは、対等な関係などではない。ユダヤ人の側が常に雇用主であり、パレスチナ人の側は労働者であり、しかもいつでも使い捨てられる不安定雇用の安価な労働力にすぎない。雇用される職種も、建築現場の作業員や、清掃業や、農作物の収穫など、低賃金の肉体労働におよそ限定されている。

イスラエルにとって西岸地区とガザ地区とは、1967年の軍事占領以降、そうした安価で便利な労働力の供給源となってきたのであった。

出稼ぎは、1967年の軍事占領後すぐ始まったそうです。それで、占領地に産業発展が起こらないように「脱開発」して、イスラエルに働きに行く以外に生きる術がないように仕向けられたのだと言います。

早尾さんは、当時の西岸地区やガザ地区のパレスチナ人のイスラエルへの行き来の様子を次のように描いています。

主要道路の検問所には軍用ジープが1台あるのみで、イスラエル兵はほとんど通行を止めることなくパレスチナ人の労働者をイスラエル側に通過させていた。労働許可証も数万人単位で簡単に発給されていたが、許可のない不法労働も万単位で黙認状態であった。合計すれば10万人を超えるパレスチナ人労働者が被占領地からイスラエル領へと出稼ぎ労働をしていた。

1990年代でもなお、分離壁は存在せず、イスラエルと西岸地区を分ける検問所は、やはりジープや装甲車を置くだけのもので、身分証や許可証の検査も緩いものであった。この頃から筆者はパレスチナ/イスラエルへ足を運ぶようになったのだが、90年代にヨルダン川西岸地区とイスラエル領とのあいだを行き来するバスや乗り合いタクシーでは、ほとんどつねに、許可証を持たずにイスラエルに出入りするパレスチナ人が乗っていて、検問所が近づくとその手前で降ろしてもらい、徒歩で検問所を迂回し、検問所の先で再び同じバスやタクシーに拾ってもらうということを常としていた。運転手も心得たもので、阿吽の呼吸で無許可者を乗降させていたし、おそらくこの検問抜けをイスラエル兵も黙認していただろう。検問所近辺の草むらを走り抜ける若者たちの姿は、バスの中からも容易に視認できていた。

階級闘争としてのインティファーダを当面しのいだオスロ合意

それだから、1987年から始まった「インティファーダ」と呼ばれるパレスチナ民衆蜂起は、少なくとも当事者の意識を超えた深いところにある本質としては、まぎれもなく、搾取されることへの怒りに駆動された「階級闘争」だったと思います。西岸地区とガザ地区をパレスチナ自治政府にゆだねた1993年のオスロ合意は、これをとりあえず収めるための狡猾な一時しのぎだったと思います。

私はこれはアパルトヘイト時代の南アフリカ共和国の体制に似ていると思います。南アでは、人口の圧倒的多数を占める黒人を、国内不毛の地に作った傀儡黒人国家の国民ということにして、外国人だからというテイをとって、無権利の労働力として搾取することを正当化しました。同様に、ユダヤ系住民が今後も多数を維持できるところだけを切り取って、残りの出身者を外国人扱いすることで、無権利で搾取することが正当化されたわけです。

イスラエルの支配体制は、パレスチナ労働者の階級闘争を、民族主義的要求に回収することによって、とりあえずは自分達においしい形で収拾したと言えると思います。

3　パレスチナ人以外の安価な不安定労働者を作り出す

そしてその上で、イスラエル政府は、彼らにとっての、問題の抜本的な解決策を推進していきます。

ソ連・東欧・エチオピアから「ユダヤ人」をかき集める

おりしも、ソ連・東欧体制が崩壊しました。ソ連圏だった近隣のエチオピアも独裁体制が崩壊します。イスラエル政府はそれらの国々から、「ユダヤ人」と称する人たちをかき集めることになります。その数は膨大で、もちろん高学歴で後述のハイテク産業の発展を支えた人たちも多かったのですが、そうでない、出身地の言葉しか話せないような人たちも多かったです。彼らは、新たな底辺労働者層を形成していくことになりました。

また、外国人労働者も導入します。早尾さんは「とくに、中国、フィリピン、タイなどのアジア諸国と、そしてルーマニアなど東欧諸国からの出稼ぎ労働者が多い。建設業、農業、清掃業、家事介護労働などの現場にとくに外国人労働者が多い」と言っています。

新自由主義への転換——米国の指導と中央銀行の独立化

さらにもう1つ重要なことが、新自由主義政策への転換です。これが大きな効果をもたらしました。イスラエルの新自由主義体制への転換については、ジェトロの『中東レビュー』vol.4（2017）に載っている、清水学さんの「イスラエル経済：グローバル化と『起業国家』――第Ⅰ部：ネオリベラリズムとグローバル化[*2]」に詳しく描写されています。

それによれば、

●建国後のイスラエルの経済体制は、有名な「キブツ」と呼ばれる集団農場に見られるように、もともと社会主義的志向が強く、労働組合の全国組織である労働総同盟（「ヒスタドルート」）は、圧倒的多数の雇用労働者のみならず個人農までメンバーに含み、「銀行、保険、建設、製造業を含む巨大コングロマリット」（45頁）に成長した。

政府は資金を「政策上の優先度に応じて直接配分する役割を担っていた」（49頁）。中央銀行は財務省の影響下で「財政赤字を自動的に埋め合せる任務を果たす」ことで、「政府の経済政策を支援する役割を担わされていた」（47頁）。

●この体制のもとで順調な経済発展が遂げられた。それを支えたのが、ドイツからの賠償やアメリカからの資金援助とともに、西岸・ガザ地区の占領地（イスラエル製品の専属市場かつ低賃金労働の供給源となった）である。ところが、1970年代半ばから80年代半ばにかけて、石油危機と財政赤字進行を原因とした超高インフレが起こった。労働組合が強かったので賃上げによって生活水準の目減りは防げたが、それがさらにインフレ悪化の要因になった。

●それを受けて、1985年から「経済安定化計画」が始まり、新自由主義への転換がなされた。

これは、アメリカのレーガン政権の強力な指導のもとで開始された。また導入に際し、アメリカから16億ドルの支援がなされ、その後も「年間30億ドルに及ぶ贈与」（52頁）がなされた。

●新自由主義改革のテコに据えられたのは、中央銀行（ＢＯＩ、イスラエル銀行）の独立化である。そして「地位と権限を大幅に強化」された中央銀行の「指導力でマクロ経済政策の転換」がはかられた（47頁）。「改革の目玉はＢＯＩの独立性を保証し、政府財政の赤字埋め合せができないようにすることであった。ＢＯＩを媒介にして財政規律を確立してインフレを抑制することであった」（47頁）。「経済政策の判断は専門家以外の人には簡単に扱えない技術的問題とみなされ、……ＢＯＩが大きな影響力を持ちえたのは、この『知的中立性』というイメージが独り歩きする環境であった」（48頁）。

１９９１年には財政赤字削減法が議会を通過した。注目すべきはこの法律制定で指導権を発揮したのはＢＯＩであり、ＢＯＩの側から政府に対して明確な財政規律ルールを求めたことである。ＢＯＩが強調したのはネオリベラリズムにより忠実な論理であった。それは、第１に歳出の増大が民間資本の投資資金をクラウンディング・アウトする弊害を生むこと、第２に、均衡財政とインフレ抑制こそが当時加速化し始めていた金融自由化の継続と深化のための前提条件だということ、第３に、移民流入に伴う雇用と住宅建設の必要性に関して、労働市場の自由化と民間部門による住宅供給で対応すべきである、というものであった。（48‐49頁）

●特に、ネタニヤフ現首相が２００３年当時に財務相として実行したのが、「税率の引下げ、公務員給与の切り下げ、さらに公務員４０００人の削減など」（49頁）。さらに、労働総同盟から年金事業を取り上げて民営化し、金融市場と労働市場の規制緩和と対外開放を進めた。労働総同盟は、傘下の産業グループや銀行の公的な特別の地位も失っている。

ハイテク産業主導の経済発展をもたらした財政集中と外資流入

こうした一連の新自由主義政策の結果、インフレは収まり、ハイテク産業中心の経済発展が起こって、2010年には先進国が加盟するOECD入りを果たしています（現在も中東唯一の加盟国）。このハイテク産業勃興のプロセスについては、清水さんの先記論文の後編、「第Ⅱ部：産業政策とイノベーション」[*3]に書いてあります。

それによれば、文化的背景や国民意識以外でこれをもたらしたのは、

- 政府による財政支援の集中。

1978年にアメリカの資金援助を得て本格的に助成金プロジェクトが開始された。さらに1992年に、政府財政によるベンチャーキャピタル基金が作られ、1億ドルの政府投資が行われている。

- 国産兵器開発体制の確立とそこからの技術波及。

アメリカの膨大な軍事援助も、四分の一はアメリカ製ではなくて、国産の兵器を買うために使うことが認められている。

- 外資の流入。

特に、ハイテク産業へのアメリカ資本の進出が多い。1978年のインテル進出を皮切りにたくさん進出している。ベンチャーキャピタルは、自国ではなくて、アメリカのナスダックに上場して資金調達するのが普通になっている。

とのことです。つまり、ハイテク研究開発には政府資金を出す一方で、社会福祉への支出は新自由主義政策で削り続けてきたというわけです。これについては、在イスラエル日本大使館が出している「イスラエル経済月報」の2022年3月号で、2021年のDoron Broitmanさんの記事[*4]を引用する形で報告されています。[*5]

イスラエル国は研究開発投資において他のOECD諸国をリードしており、2019年には同国のGDPの4・9%が研究開発に費やされている。そうは言っても、イスラエルは社会福祉費の支出では29位であり、GDPの16・3%しか社会事業に使われていない。…(中略)…

他のOECD加盟国35カ国における研究開発投資と社会福祉費を比較すると、両分母には強い相関があることがわかる。研究開発への投資が増えれば、生活保護費も増え、その逆もまた然りである。この法則の唯一の例外はイスラエルと韓国で、彼らは政府の研究開発投資ではトップだが、国民の社会福祉への投資は他の国よりも少ない。

しかし、2010年から2019年の間に研究開発投資を1・3%、社会福祉費を2・3%増加させた韓国とは異なり、イスラエルは研究開発投資を1%増加させても社会福祉費は1・

65%しか増加させていない。（11頁）

たいへんな格差社会化

かくして、ハイテク産業による経済発展の陰で、たいへんな格差社会化が進行しました。先の引用記事の続きには、次のようにあります。

……研究開発に従事し、ハイテク産業に雇用されている人の割合は不明だが、彼らは一貫して国内で最も高い給与を得るグループに属している。CBSが最近発表したレポートによると、2021年、ハイテク研究開発に従事する人々の平均賃金は月30791シェケル（9490ドル）で、最低賃金の5倍以上、平均賃金よりも3倍近くも高いことがわかった。過去10年間の統計では、2011年以降、最低賃金は29%しか上昇していないのに対し、全国平均賃金は34%、ハイテク産業の平均給与は54%も急騰していることが明らかになっている。イスラエルでは、最低賃金が月額5300シェケル（1630ドル）であるのに対し、平均賃金11774シェケル（3630ドル）と122%の開きがあることが分かる。しかし、ハイテク産業の平均賃金は月26494シェケル（8160ドル）で、最低賃金の5倍近くにもなっている。

過去10年間で、最低賃金と平均賃金の差は8%拡大した。これに対し、ハイテク産業の最低賃金と平均賃金の差は80%である。一方、ハイテク分野の平均賃金と経済全体の平均賃金の差は、10年で29%まで拡大している。2021年末には、ハイテク分野の平均給与は、平均月給

の3倍近く（2・25倍）にまで成長した。（11-12頁）

ハイテク開発によるイスラエルの社会経済格差の拡大は、マイノリティグループについて調べるとより顕著になる。「イスラエルのハイテク産業は、超正統派ではないユダヤ人男性を中心とした、比較的閉鎖的な同質社会としての地位を維持し続けている」と、イスラエル・イノベーション庁は2021年の報告書で記している。CBSの調査結果によると、ハイテク労働者の3分の2は男性で、98％がユダヤ系イスラエル人、アラブ系はわずか2％である。都市部では、ユダヤ系イスラエル人の31・5％が最低賃金を得ているが、アラブ系都市部では、44・9％が最低賃金を得ている。（12頁）

先進国で抜きん出た貧困化

この結果、貧困問題が深刻になっています。日本語のわかりやすい統計サイト[*6]では、ちょっと古いのですが、OECDのデータによる国比較のランキングサイトがあります。その中でのイスラエルの順位はこうなっています。

貧困層の人口割合ランキング　1位（2010年）
子どもの貧困割合ランキング　1位（2010年）
15～19歳のニート率ランキング　2位（2011年）

この貧困率ですが、ＯＥＣＤの最新２０２２年のデータによる貧困率ランキング[*7]では、コスタリカに次いで2位になっています。しかしコスタリカは２０２１年にＯＥＣＤに加盟したばかりの中米の国です。なので実質の順位は２０１０年から変わっていません。同じく、ＯＥＣＤの２０２２年のデータによるランキングでは、貧困の中で生活している子どもの割合[*8]は、コスタリカとチリの次の3位です。

イスラエルにある研究所（Taub Center）のサイトの去年（２０２３年）の12月の Liora Bowers さんの記事（英語）[*9]では、イスラエルの４歳以下の子どもの3分の1が貧困ライン以下に置かれていると言っています。

そのうえイスラエルは、日本や韓国とともに男女の賃金格差の大きい国としても知られています。ＯＥＣＤのデータでは、イスラエルは２０２１年が最新になりますが、その年の中位の賃金層での男女の賃金格差は、韓国についで2位となっています。

出生率3以上の国でそれが起こると深刻

新自由主義政策の結果、それまで経済の中核を担ってきた製造業などが衰退して、多くの若者が、親世代同様の安定した、暮らし向きに余裕のある職に就くことができなくなること。そして、新興ビジネスのエリートとの格差が拡大すること。――それは、先進国どこでも見られたことでした。イスラエルも「ご多聞に漏れず」であって、多少その程度が著しいだけと思われるかもしれません。

しかし、イスラエルが他の先進国と違うのは、宗教上の理由があってのことと思いますが、ごく最近に至るまでずっと、合計特殊出生率が3を超えていたことです。昨年8月10日の東京新聞の記事[*10]によれば、ユダヤ教超正統派（特に戒律にしたがって出生率が6・64もある）以外の人たちも、出生率が2・47あると書いてあります。つまり、多くの先進国で新自由主義の導入後に現れて社会問題化した下層の若者たちが、イスラエルではもっと膨大に作り出されたということになります。

パレスチナ人以外の下層労働者層の出現

つまり、旧ソ連・東欧やエチオピアからの「ユダヤ人」の流入、東南アジアなどからの出稼ぎ労働者の受け入れに加えて、新自由主義改革の結果としての膨大な下層のイスラエル人の創出ということが合わさって、労働をパレスチナ人に依存しなくてもすむ体制が作られたということです。だからもはや、イスラエルの支配体制にとって、パレスチナ人は二級市民として差別されながらも生きていてくれなければ困る存在ではなくて、排除しても殺しても大丈夫な存在になってしまったわけです。こうして、ガザを壁で囲って誰も出られなくして、さらに今はその住民を皆殺しにしようとしているわけです。

さらに言えば、なぜアメリカ政府がイスラエルの支配体制を終始バックアップしてきたのかと言えば、武器を売って儲けるためということももちろんあるでしょうけど、それ以前にそもそも、**イスラエルに進出したアメリカのハイテク企業や、アメリカ資本が出資しているイスラエルのベンチャー企業**

にとっての、安全なビジネス環境を保障するためということが一番大きいことだと思います。

（とは言え、熟練した建設労働など、パレスチナ人に依存した分野がそう簡単に全部なくなるわけでもない。ロイターの昨年12月9日の記事[*11]によれば、今回の戦争勃発後パレスチナ人労働者はイスラエルとその占領地から締め出され、16万人の西岸出身者、数千人のガザ出身者が失職したという。さすがにあちこちで悲鳴が上がっているようで、国家安全保障問題研究所（The Institute for National Security Studies）のサイトには、建設部門と農業部門が困難に陥ったとして、「安全保障上問題のない」パレスチナ人を職に戻すよう訴える記事[*12]が載っている。）

4　なぜ日本でガザ反戦を叫ばなければならないのか
進出日本資本を守るために現地政府が武力弾圧したら

さて、日本で何を言ってもイスラエル政府が聞くとは思えないのに、なぜ私たちは日本でガザ侵攻に反対する声をあげる必要があるのでしょうか。もちろん、どんなに小さい可能性だったとしても、真面目にガザ人民を救うためにやれることはやろうという心がけは重要です。

イスラエル政府を支援しないように、あるいは、イスラエル政府を支援するなと同盟国アメリカの政府に要請するように、日本政府を動かすためという理由も当然でしょう。とりわけ日本政府に、ＵＮＲＷＡへの資金拠出を再開するように訴える[*13]ということも、当然必要なことです。しかし、それだけではないと思います。

今、東南アジアなどへの日本企業の進出が進み、現地の安い労働力をこき使ってあげる利潤が年々膨らんで、昨年は経常収支とまるまる同じ額の20・6兆円の海外直接投資収益をあげるまでになっています。この傾向が進行すると、どこかで、搾取に憤る現地の労働者の階級闘争が起こり、日本資本が手を焼く事態も当然発生することでしょう。場合によってはそれが暴発し、日本人の駐在員やその家族が監禁されたり殺されたりする事件が起こる可能性があります。

海外進出日本資本は、現地の強権政府と癒着することで、現地の投資秩序を確保してきました。そうすると、日本資本の意を受けた強権政府は、こうした事件に際して、武力を投入した苛烈な弾圧をして、日本資本にとっての投資秩序を守ろうとするかもしれません。それはいかにも一方的な邪智暴虐の弾圧かもしれませんが、「テロリスト」側と比べて相対化されて見える制圧のケースもあるかもしれません。

こうした時、財界の意を受けた日本政府が、こうした弾圧を公然とサポートすることは十分に考えられます。今あんなガザの虐殺に対して反対の世論が圧倒的に起こらなければ、その時に世論が弾圧の容認に傾くことを止めることは難しいでしょう。それどころか、過去の例を見ると、与野党あげて拍手喝采する光景すら目に浮かびます。

ペルーの独裁者による殺戮に喝采した過去

1996年にペルーのトゥパクアマル革命運動のゲリラ兵士たちが、日本大使公邸を占拠して、ペルー高官や大使館関係者とともに、進出日本企業の駐在員たちを人質にとる事件がありました。

当時のフジモリ大統領は、日系ということもあって日本と関係が深く、融資もたくさん受けることに成功していました。自己クーデタで独裁者になり、労働運動や反政府運動を強権で抑え込みながら、新自由主義政策の導入を進めていました。

この事件の時フジモリ大統領は、特殊部隊を突入させて、ゲリラ兵士を全員殺害し、人質を解放しました。そしたら事件の後、日本の国会はフジモリ政権に対する感謝決議を、社民党さんも共産党さんも含めて全会一致であげています。

ところが後年、フジモリ大統領の失脚後、投降したゲリラ兵士を超法規的に処刑していたことが明らかになり、フジモリ元大統領は訴追されています。また、作戦中に人質で唯一の犠牲者となった最高裁判事は、フジモリ政権の反対派の有力者であったことから、特殊部隊がドサクサまぎれにわざと殺した疑いが消えていません。

こんな赤っ恥なことを、共産党さんも社民党さんも二度としてはならないでしょう。そもそもこの突入作戦を、フジモリ政権による広範な人権抑圧や暗殺、虐殺の数々と、切り離して理解することはできなかったはずです。

ガザでのイスラエルやアメリカは将来の日本のあり得る姿

それどころか、現代においては、現地政府に汚れ仕事をやらせて抵抗を排除した空間の中で、自衛隊が派兵されて日本人の移送作戦を行うということは十分に考えられます。一旦こうなると、やがて自衛隊自身が汚れ仕事をするところまで、まっしぐらだと思います。つまり、ガザ虐殺における、アメリカやイスラエルは、将来あり得る日本の姿なのです。ガザ反戦を世論にアピールする大きな意義の1つは、将来そうならないためということなのです。

菅前首相たちの目指した路線は、財政をケチる一方でハイテク産業だけには財政を集中して、それ以外の産業を淘汰して不安定な都合のいい労働を大量に作り出すというものでした。岸田政権になると、その財政の集中先に、軍需産業が付け加わりました。この路線を徹底したら、たとえ「成功」してもどうなるかという実例という点でも、イスラエルは将来の日本の姿と言えると思います。

※イスラエルの労働経済に関するイスラエルの研究所での報告記事類については、学部同僚の橋本貴彦教授から教示いただきました。深く感謝します。

注

＊1 https://haruaki.shunjusha.co.jp/posts/1876
＊2 https://www.jstage.jst.go.jp/article/merev/4/0/4_Vol.4_42/_pdf/-char/ja
＊3 https://www.jstage.jst.go.jp/article/merev/5/0/5_Vol.5_134/_pdf/-char/ja
＊4 https://www.israel.emb-japan.go.jp/files/100327721.pdf
＊5 https://www.calcalistech.com/ctechnews/article/hjxdx2smq
＊6 http://top10.sakura.ne.jp/OECD-INCPOVERTY-T1C.html

＊7　https://www.statista.com/statistics/233910/poverty-rates-in-oecd-countries/
＊8　https://www.statista.com/statistics/264424/child-poverty-in-oecd-countries/
＊9　https://www.taubcenter.org.il/en/research/young-children-below-the-poverty-line/
＊10　https://www.tokyo-np.co.jp/article/269116
＊11　https://jp.reuters.com/world/mideast/RQF3NC3SR5PX5IPJA6KCQWF4DE-2023-12-08/
＊12　https://www.inss.org.il/publication/palestinian-workers/
＊13　その後（２０１４年４月）再開されている

この章は、２０２４年3月19日にｎｏｔｅに投稿した拙記事の本文を、些少な補正の上、ほぼそのまま再掲したものである。

あとがき

本書の企画の元をたどれば、そもそも岡林信一さんが２０２０年11月にあけび書房の社長に就いた頃からもう、何か書けとの声は、たびたびかけていただいていたと思います。しかし、しばらくはあまり本気にせず、適当にあしらっていたように記憶しています。

動き始めた発端は、今調べてみたら、２０２１年2月に岡林さんの主宰するメーリングリスト「市民社会フォーラム」に投稿した愚痴みたいなメールから始まったやりとりだったようです。

その頃私は、新型コロナ流行下で喘息を発症しました。そのためオンライン授業になったことをいいことに感染を恐れて家にとじこもる生活になったのですが、そのせいで、いい歳してネットにはまってしまったわけです。それで、ツイッター登録しなくてもエゴサーチする仕方を覚えたために、ウェブの世界では自分に対する的外れの悪口が蔓延していることを、今さらながら知って衝撃を受けていたのでした。リアルな地べたの活動の世界でまわりの左翼仲間に受け入れられているであろう姿とは、まるでかけ離れた「松尾匡」像がひとり歩きしている！

ツイッターというものがで出した時、まわりからは何人もから手を出すなと忠告されていました。私の性格から寝る時間がなくなって死ぬと言われていたのです。たしかに、ちょっとしたメールを返すだけで何時間もかかるし、大事なことと無視すべきことを適切に整理する能力に欠けていて、目の前の人を相手にすることに引きずられることも自覚していますから、もっともなことだと忠告にしたがってきました。それで、エゴサーチできるようになってからも、あふれる悪口を目にしながら反論も釈明もできず、一方的にフラストレーションをつのらせるだけの状態が続いてきたのです。

そんなおり、ブレイディみかこさんと北田暁大さんとの共著『そろそろ左派は〈経済〉を語ろう』で私たちが、「戦前のドイツ社民党らの民主勢力が大不況を克服できずにナチス台頭を許し、政権についたナチスに、財政拡大で失業を解消して支持を盤石にされて息の根を止められたのだから、われわれはそんな悲劇を繰り返さないよう、これを教訓にして、右派にお株を奪われないよう自分たちこそが反緊縮を語ろう」という主旨の主張をしていたところ、その一部を切り取って、私が「ナチスはいい経済政策をやった」と言ってナチス擁護しているとしてバッシングするツイートがなされているのを見つけました。

さすがにこれには我慢できず、しかしツイッターは使えないので、メーリスで愚痴って、もしこんな噂を見かけたら訂正してほしいと呼びかけたところ、それを受けた投稿のやりとりの中で、勢いで岡林さんに、私の悪口を集めてもらってそれに私が反論する出版企画なら乗ると言ってしまったわけです。

冷静になったら少し後悔しましたが、その後しばらく動きはなくて安心していました。私もその春に癌の手術をして、本の執筆どころではありませんでしたので、じきに何もなかったことになったものとみなしていたのです。

私のメーラーの記録によれば、次に動きがあったのは同じ2021年の8月だったようです。6月に、本文中でも紹介した経産省の報告書が出ていて、バイデン政権など世界中で見られ始めた、製造業の国内回帰と裁量的国家介入の路線へむけた動きが起こってくるのではないかと警戒を始めていたところ、菅首相の後継選びに高市早苗さんが名乗りをあげて、まさにこの経産省路線にのっとった積極財政の経済政策を提唱したのです。それが「サナエノミクス」などと言われて、主要保守論壇に持ち上げられ、ネトウヨ世論の支持が盛り上がったもので、私は大変な恐怖感を抱いて、そのことを「市民社会フォーラム」に投稿したわけです。

それを受けたやりとりの中で、高市さんが総裁選の一般党員投票の支持で勝ったら、総選挙で自民党が圧勝するだろうとして、次のように書いています。

　コロナ流行の具合が暗転しなければ、アメリカはあんな経済政策をとって景気拡大しないはずはないので、アメリカの景気拡大にともなって、日本も輸出が増えて景気は好転すると思います。

　そのうちアメリカはインフレ警戒領域にまで至ると思うので、そうなれば金融緩和は打ち止めになって利上げするので、円からドルへの移動が起こって円安になって、やっぱり日本は輸出が増えます。輸出産業の回復は経産省路線にとっては追い風になるでしょう。

　淘汰路線がらみの半ば意図的なコロナ無策のせいで、内需は焼け野原なので、格差のある回復「K字回復」と（いう言葉）は日本のためにあるというような状況になると思います。コロナ対策で出されたお金は、内需が低迷するので投機に向かい、タワマンばかり建つバブルになると思います。

でもどんなしょぼい内実でも、長期的な景気拡大期は、中曽根内閣、小泉内閣、安倍内閣と、いずれも内閣支持率は高く、長期政権になります。なので、今度の総選挙で本気で勝つつもりでないと、今度もまた自民党側の長期内閣を許すことになると思います。

日米の景気についての見通しは、ほぼこのとおりになったと思いますが、もちろんこの後、ウクライナ戦争などが起こるとは思っていませんでした。この戦争などで原油価格や穀物価格の高騰はじめコストプッシュのインフレが起こり、実際には大衆の満足感はずっと低くて自民党の支持率は下がりました。その点については大きくはずれたと思います。しかし、もし高市政権が本当にできていて、公約したような経済政策がとられていたとしたら、インフレは現実よりももっと高くなったとしても需要の拡大による側面が大きく、日銀は早々に政策転換して利上げを進めたと思いますので、現実ほど日米の金利差は拡大せず、したがって現実ほどには円安は進まず、景気の改善感の方が優って自民党の支持はやはり高かっただろうと思います。

それはともかく、やりとりでは、それで私が高市政権で景気改善して野党がまた負けることを警告したり、後年、高市内閣の支持率が高いのは景気が改善しているためだと分析したりしていると、また私は「サナエノミクスの礼賛者」とされて叩かれるのだろうという話になりました。

というのも、かつて私は第二次安倍内閣ができる時から、安倍首相が掲げる経済政策を実現させたら大変な好景気になって野党は消滅の危機に陥るだろうということを警告していました。そして安倍内閣が続く間、内閣支持率が高いのは景気の改善を大衆が感じているからだということをいくつも証拠を見せて論じ、これを上回る景気拡大策を示さないと野党は選挙に勝てないと訴えてきました。しかしこんなことを言えば言うほど、「アベノミクスの礼賛者」と言われて叩かれたのです。「サナエノミクス」でも、また同じ目にあうだろうという話です。そこでこの話の流れで、私の悪口反論企画の件が再浮上することになりました。そこでは愚痴ネタの中の半分冗談みたいな流れで出たことだったのに、岡林さんからは確約をとったことにされてしまい、そのあとことあるごとに脅迫のような（笑）念押しを受けることになってしまいました。

そうは言っても毎日いろいろ多忙だし、癌の転移が残っていて抗がん剤治療することになってしんどいし、とりあえず過去発表した論文・評論の原稿を送って、それを再掲した本にすることで許してもらおうと思いました。わたしのメーラーの記録では、２０２１年の年末に過去の原稿を８本ほどまとめて岡林さんのもとに送っています。

そうしてみたら、私に対する批判に対して正面から反論したような論考というのは、それなりの学術論文ばかりだったのですね。

まあ、政治色にかかわらない一般大衆にむけて、わかりやすい文章を書くことは、若い頃はあこがれて頑張ろうとしたこともありましたけど、どれだけ努力しても努力しても挫折を味わってばかりで、まるっきり才能がないことはよく思い知りました。だいぶ以前から、もうすっかりあきらめています。

特にこの点については稀代の大天才である山本太郎さんに出会ってからは、一般大衆に訴えかける仕事は安心して丸投げして、私は自陣営内の作戦語りに徹することにしています。

一般大衆向けのものならば、私への悪口の中でも、右側からのものも取り上げなければならないかもしれません。でもそれらはたいてい、何も内容を検討することなく、こいつはマルクス経済学者であるとか、左翼であるとかと言うだけで悪口として十分成り立つとでもいったようなもので、こっちとしては「はい、そうです」と言う以外に対応のしようがなくて困ってしまいます。

マルクス経済学者ならマクロ経済学は素人とと言いたいのかもしれませんが、そもそも出身の神戸大学の経済学の大学院では、少なくとも私の院生当時は、理論経済学の課程博士号をとるためには現代の主流派経済学の大学院修士レベルの学力試験に合格する必要がありました。私は、日銀審議委員だった宮尾龍蔵君を含む同期の中で最初にそれに合格していました。一応、マクロ経済学の論文もミクロ経済学の論文もこれまで発表していますし、主流派の学会のいくつかには若い頃から今でも籍をおいていて、普通の論文は少なくとも読むことぐらいはできるつもりですけどね。

しかしそんなことはどうでもよくて、むしろそんな余計なことを言ってマルクス経済学者などの非主流派の側から主流派扱いされて叩かれる方がよっぽど打撃なので黙っています。そんなこともあって、右側からの悪口に対応するような一般向けの文章は何も書いていませんでした。

私の一般向けの文章は、たいていの場合、身近にいるような左派やリベラル派の、軽重柔硬さまざまなレベルの実践家や運動家を読者として念頭に置いています。そうすると、それはそれでまた、悪口への直接の対応は書きづらくなります。扱っているテーマごとに、左派やリベラル派のいろいろな立場の人たちを糾合して何かを目指そうということになりますので、例えば反安倍政権なり何なり、そのテーマで目指すもののための作戦論を、特定の思想から根拠づけることはしづらくなります。

たとえば、私の反緊縮論は資本主義を前提した政策論だとよく非難されているのに対して、いや社会主義的な体制変革の一環に位置付けられているのだと反論しようにも、反安倍政権の立場のいろいろな背景の人に対する作戦論でそんなことを書いても、その中には資本主義を前提している人も当然たくさんいるわけですから、読者を遠ざけてしまうだけでそのテーマの目的のためには何の意味もないことになってしまいます。

だから結局、多少とも悪口への反論を書いた文章を集めてみたら、マルクス経済学なりマルクス主義思想なりをある程度前提した、それなりの学術的な論考ばかりになってしまったわけです。

私も出版業界とは長いお付き合いで、いろいろなところにお世話になってきたと思いますけど、この構造的出版不況のご時世に、費用出版社もちで学術的文章を出してもらえるなんて話は聞いたことがありません。しかもマーケット狭そうなマルクス業界だし。ましてや、あけび書房さんに傍目から見てそんな体力があるとはとても思えなかったのですが……。ところが岡林さんはこれでいこうということで、こっちは「マジか」！

真面目な話、左派サイドで反緊縮論を哲学、経済学、国家論を通じて体系的に一貫して論じた書籍はこれまでなかったと思いますので、意義の高さは感じました。それで、前半は学術的な論考中心の理論展開、後半はもっと時論的な政策論解説という形で既発表の原稿をまとめた本として企画がまとまったのですが、その後、岡林さんも他の企画で忙しくされたり、ちょうどゲラ案ができた２０２３年夏には、私が転移癌の摘出手術をすることになって入院したりと、ずるずる進行が延びていってしまいました。

そうするうちに、後半に収録した時論的な論考は、どんどんと時期を逸した感じになっていきました。どのように扱えばいいかさんざん悩んだのですが、いいアイデアが思いつきません。むしろ、われわれが反緊縮的対案を対置しなければならない体制側の大きな動きの背後にある、国内産業淘汰と帝国主義の路線について、資本主義論から体系的に論じることの方が、今必要性が高いのではないか。前半同様の理論的レベルで、本格的な帝国主義論を展開すべきなのではないか。そのように考えて岡林さんに提案したところ、合意していただけました。

ところが、退院、療養して、癌については「根治」と判断が出たはいいが、それで調子に乗って２０２３年度後期はかなりハードなスケジュールを組んだために、授業が始まってからは全く執筆の時間はとれませんでした。授業が終わっても論文指導の追い込みだとか京都市長選挙だとか入試の採点業務だとかで執筆着手が遅れ、本格的に春休みになってからなんとか執筆を進め、新年度に授業と論文作成の合間をぬう校正の末に、やっと今できつつあるというところです。

当初の岡林さんの思惑では、「２０２１年の総選挙に間に合わせて、野党の政策に影響を与えよう」ということだったと思います。それが、「２０２２年の参議院選挙に間に合わそう」になって、それも結局だめになって、ずるずる延ばして岡林さんの思惑を次々だめにしてしまいすみません。

「次の総選挙には」という焦りもおありだったように思いますが、当分は、大衆には回復感はなくても、一応ひっぱればひっぱるほど景気は改善して多少は与党に有利と思いますので、そんな近いうちの解散はないと思います。ゆうゆう間に合ったと思いますのでお許しください（万一そうでなかったらごめん）。

　とはいえ間に合っても、そんなすぐこの本が野党の政策に影響を与えられそうにはないですけどね。それどころか、ここでもし立憲民主党政権ができても、近い将来もしアメリカの景気が悪化して日本が円高デフレに舞い戻ったら、今の立民ではなすすべなく、また「悪夢の民主党政権」の再来になりますよ。そうなれば、高市さんあたりがかつての安倍さんの位置を占めて、「歴史は二度繰り返す」となるでしょう。そうなるとこの二度目こそ本当の悲劇になるでしょう。

　それでも長い目で見た課題——アソシエーションの芽を担う人たち、労働者の階級闘争に献身する人たち、まっとうな雇用の拡充を求める人たち、淘汰路線に抗する人たち、ケアや教育の不足と闘う人たち、地域や世界で貧困をなくすために活動する人たち、真実を報道するために苦闘する人たち、ガサからウクライナまで、ビルマから香港まで、権力の巨大な暴力に対して人民が尊厳をもって生き抜くための闘いに連帯する人たち等々、民衆のためのプログレッシブな課題への取り組みの核を担っている人たちが、敵の全体像を法則的・体系的に把握して、反緊縮的対案への偏見を払拭することで、「リベラル帝国」への無意識の加担におちいることなく、確信を持っていっそう大衆の支持を広げていけるようにする課題——のために、多少は貢献できる本になったかもしれません。

もしそうなったら、延ばしても延ばしてもしつこく容赦無く尻を叩き続けてくれた岡林さんのおかげです。深く感謝しています。ほんとです。にわか京言葉じゃないってば。

いつも励まして支えてくださり、ヒントや助言や発言の機会をいただいている、れいわ新選組のボランティアのみなさんや反消費税活動や市長選挙やガザ反戦の関係のみなさんなど、京都の街のみなさんにも、深く感謝します。

２０２４年6月16日　松尾　匡

著者略歴

松尾 匡（まつお ただす）

1964 年石川県に生まれる。1987 年金沢大学経済学部卒業。1992 年、神戸大学大学院経済学研究科博士課程後期課程修了。経済学博士。

久留米大学経済学部教授を経て、2008 年立命館大学経済学部教授。

現代社会が抱える現実的な問題に強くコミットしつつ、高度な理論性を備えた実力は学界のみならず、近年メディアでも注目されている。

著書に『近代の復権』（晃洋書房）、『「はだかの王様」の経済学』（東洋経済新報社）、『不況は人災です！　みんなで元気になる経済学・入門』（筑摩書房）、『ケインズの逆襲、ハイエクの慧眼』（ＰＨＰ新書）、『この経済政策が民主主義を救う』（大月書店）、『「反緊縮！」宣言』（共著・編、亜紀書房）、『そろそろ左派は〈経済〉を語ろう』（共著、亜紀書房）、『新しい左翼入門』（講談社現代新書）、『資本主義から脱却せよ　貨幣を人びとの手に取り戻す』（光文社）、『左翼の逆襲　社会破壊に屈しないための経済学』（同）、『コロナ・ショックドクトリン』（論創社）、『続・希望の共産党　再生を願って』（共著、あけび書房）等がある。

反緊縮社会主義論　脱成長論と帝国主義の超克

2024 年 7 月 7 日　初版 1 刷発行
著　者　松尾匡
発行者　岡林信一
発行所　あけび書房株式会社
〒 167-0054　東京都杉並区松庵 3-39-13-103
☎ 03.-5888- 4142　FAX 03-5888-4448
info@akebishobo.com　https://akebishobo.com

印刷・製本／モリモト印刷

ISBN978-4-87154-266-1　C3031